# 周易正读

张闻玉　著

北京出版集团
北京出版社

**图书在版编目（CIP）数据**

周易正读 / 张闻玉著. — 北京：北京出版社，2019.5

ISBN 978-7-200-14232-7

Ⅰ.①周… Ⅱ.①张… Ⅲ.①《周易》—通俗读物 Ⅳ.① B221-49

中国版本图书馆 CIP 数据核字（2018）第 174395 号

责任编辑：王忠波　孔伊南
责任印制：陈冬梅
封面设计：白　雪

周易正读
ZHOUYI ZHENGDU
张闻玉　著

出　　版　北京出版集团
　　　　　北京出版社
地　　址　北京北三环中路 6 号
邮政编码　100120
网　　址　www.bph.com.cn
发　　行　北京出版集团
印　　刷　北京华联印刷有限公司
经　　销　新华书店
开　　本　880 毫米 ×1230 毫米　1/32
印　　张　6
字　　数　127 千字
版　　次　2019 年 5 月第 1 版
印　　次　2020 年 12 月第 2 次印刷
书　　号　ISBN 978-7-200-14232-7
定　　价　58.00 元

# 前　言

上大学的时候就有心研究学问，一是受很有学问的老先生们言传身教的影响，那时中文系的几位知名教授都给我们开课，如张汝舟先生、朱厚锟先生、李淑元先生、赵伯愚先生、陈果青先生等，在贵州学界名气很大而且真有水平，老师们就是我们的榜样，自己也想能有前辈师长那样的学问。二是大学二年级我受到班里党小组、党员老大哥李钟伟等的信任，委派我做了学习委员。这与做学问有什么关系呢？那时学校图书馆不大，一般同学借书得在柜台前填单，由管理员进书库去找。而各班级学习委员就有特殊待遇，与教师一样，可以直接进书库去任意挑选。这可让我大开眼界，库藏图书万万千、千千万，绝大多数连书名我都没有听说过，我真是一个无知又可怜的人啊。从此，我的狂妄得到收敛，做文学家、做诗人的野心已经不在，开始认真读书啦，一门心思只希望做个有知识有学问的人。

有了雄心壮志，得确定一个目标，做哪门子学问？当然是挑最难最难的绝学之类啰。最初我喜欢《诗经》，因为我的文学爱好是从中学时代写诗、写新诗开始的。我试着对《诗经》的一些篇目进行解读，比如《行露》之类，也得到汝舟先生的首肯。后来发觉作为文学的诗篇，往往是不着边际的，有虚无缥缈的感觉，并不落在实处，我感到彷徨。其实那也许是我的幼稚。后来读到韩愈的《进学解》，他说：“周诰殷盘，佶屈聱牙。”给我印象最深最深。我当然想要把“佶屈聱牙”的《书经》弄明白啊。于是就开始积累这方面的资料，找寻、阅读《尚书》的有关著作。其间，买到曾运乾（星笠）先生的《尚书正读》，如获至宝。因为湖南人的《尚书》研究，我一直是认同的。我在汝舟先生门下学习古音学的时候，曾运乾先生的《喻母古读考》我已经烂熟于心，“喻三归匣、喻四归定”那是不易之论啊，早就对曾先生格外崇敬，他的《尚书正读》我就视为研治《尚书》的宝典。这“正读”二字，正是我的追求。1982年暑假，中国训诂学会在大连举办训诂讲习班，湖南师院周秉钧先生讲的就是《尚书》的篇章，我都一一记录。周的学问正是承续曾运乾先生而来，他写的《尚书别解》自然也在我的书架上。

放弃《尚书》的研究，是我在“文化大革命”后期读到马雍先生写的一本小册子《尚书史话》，文采极具吸引力，内容也极具说服力。那是说，古文《尚书》是真真确确的伪作。我犹豫了，我想，花工夫研究下去，实在没有任何意义。正如一辈子品尝茅台，最终发现都是伪劣的假酒，你当做何感想？我感到失望，陷入了迷惘。

1985年春，教育部发文要在吉林大学委托金景芳先生开办周易研讨班。我决定北上，学习易学。此前，1983年10月下旬我参加过湖南师院为宋祚胤先生《周易新论》出版举办的讨论会，对易学有些接触，也有一定基础。国内易学热已经悄然兴起，我正苦于“不得其门而入”，周易研讨班适逢其会，我的既定目标就由《尚书》转向《周易》。当然，最终还是要追求一个“正读”，不走歧路邪门。

金先生讲《易经》一年，每周两次，后来整理成《周易讲座》出版。研讨班就四个学员，鹤岗教育学院一位李晓云兄，年纪稍大，五十多岁；徐州师院的汤其领同门，他是从部队回来又做学问的，三十多岁；还有南阳师专一位黄女士，名字接近电影《刘三姐》里刘三姐的扮演者黄婉秋，她比我们晚到一个学期，只学了半年，二十五六岁吧。我四十有余，四个人正好四个有序的年龄等次。全国来研讨《周易》的，寥寥三个半，可见也并不热门。这就是那时的状况。听课的还有金老的几个博士生（葛志毅、吕文郁、张鹤泉等），他的得力助手吕绍纲先生也一直坐在课堂。《讲座》主要由吕先生依据录音用文字整理出来。我参与整理过一次录音，还是吕先生委托的。每学期课程结束，只要求写个学习心得，就算结业啦。收在这本集子里面的两篇，就是那时的文字，完稿于吉林大学干训楼402室。

1986年暑假从长春回来后，我的主要精力放在了史学领域，游弋于中国古代史研究的汪洋大海之中。易学的学习、研究几乎停顿下来。我当然关注着它的研究动态，也积累了若干古今的专著，书架上易学的书籍应该是最多的。它始终是我的研究方向、研究目标。我没有忘记我的追求，那就是《周易正读》的撰写、结集与出版。

2010年秋，我们的《西周纪年研究》出版，古代史研究告一段落，2011年我年届七十，在编完《辛卯文汇》之后，我就打算着手易学的“正读”了。正好，龙年吉祥，龙年学易。

我把已经写出的部分文字汇集成小册子，希望后之学者对易学有个大体的认识，不致视为畏途，望而却步。任何学问，就算所谓艰深的学问，并无神秘可言，只要你登堂入室，进入其中，就应该是简明而实用的。我受业于金景芳老先生的易学，这本《周易正读》还是金老哲理易学的正路，也是向金老在天之灵交出我学习易学的一份完整的课后作业吧。金老不能批阅，吕绍纲先生也已故去，而当年的课堂情景，我始终记忆犹新。只能说，我不会辜负两位老先生的厚爱而已。

我采用朱熹《周易本义》的编次方法，先做一些常识性介绍，再对卦爻一一梳理。我在若干年前，试着写过两卦：革卦、明夷卦，算是这本书的雏形。余下就得不断地写下去了。当然希望完整的《周易正读》早日问世，借以答谢朋友们的关注、关爱。

壬辰龙年春节前，2012年1月20日

# 目 录

# 周易知识讲座

易学是中华文化之源，中华文化五千年，易学就伴随她走过五千年。易学永远是中国人的热门话题。易道广大，无所不包。德国哲学家黑格尔说它包含着中国人的智慧。作为一个中国人的确有必要认识它。我们分几个专题，给志于学的青年朋友做些介绍，了解一些基本常识吧！要深入研究，当然还得多花些工夫。

## 一、易与周易

什么是易？什么是周易？名称得先弄清楚。

自古及今，易学之“易”就有不同的解释。许慎引《秘书》说“日月为易，象阴阳也”。就是说，易字从日从月，日月象征阴阳，易学就是讲阴阳的。也可以说，易字从日月，日月运行在天，易学是研究日月运行及应运而生的各种气化活动的一门学问。中医的五运六气学说，就本易学而来。五运，指木、火、土、金、水五行的运行；六气，指风、热、湿、火、燥、寒。中医师以易学作为他的理论渊薮，这就是俗话说的“医易相通”。

许慎在《说文》中立“易部”，“易，蜥易，蝘蜓，守宫也。象形”。段玉裁更说：“上象首，下象四足。”许氏并不认可易字从日从月，他认为是蜥蜴的象形。蜥蜴俗名叫壁虎蛇、四脚蛇。郭沫若根据甲骨文、金文研究，“看出易字是益字的简化”。分析甲骨文易字之形，有两手、酒壶、酒杯，是以双手将酒壶之酒倒入杯中，象意，义为增益，就是添酒。甲骨文中用作增益、增加，是常见的。简化，省去酒杯，表示两手倒酒。再简化，省去两手，酒壶取其线条，甲骨文易字作、，三斜画表示倒出的酒，曲画表示酒壶之腹，半圈表示酒壶的提梁。小篆作。劝客人饮酒会不断地主动给予（添酒），易就有赐予义。添酒—赐酒—赐物，自然引申。赐予了别人，就改变了赐物的所有权，易就有改变义。甲骨文“易日”就是变天的意思。易学之易，也是讲变。“生生之谓易”，“阴阳转易，以成化生”，取变化之义。

《说文》为什么说是“蜥易”？有一种蜥蜴为保护自己，善于改变皮肤的颜色，俗称变色龙。蜴字从易，正是取其变化义。甲骨文、金文的易，一再简化，逐步简得象蜥蜴之形，许慎未见繁体的甲骨文，便以“蜥易”解说。当然，易字的本义不是四脚蛇。

再说“周易”吧。

有人说，周易就是周代的易，因为文王演易，周公旦完善之。《易经》确实创制于周，周代之《易经》也容易为人接受。

“周”有周匝义，即绕圈子，周而复始。周易就是讲无始无终的循环往复变化，这是战国时期阴阳五行学说的观点。

“周”的另一个意思是《说文》讲的“密也”，周密、周到、普遍都是这个意思。修饰易字，周易就是万物皆变。这就比较符合易学的本质。

## 二、易学的内容

周易又称易学，是研究万物变化的一门学问。这门学问包括哪些内容呢?

易学经历三个阶段才算完善，才有我们今天看到的《易经》。首先是易卦，它是符号，用符号表达华夏先民对万事万物的理解。在文字产生之前，卦画是表达人的思维的主要方式。卦画仅仅是人的认识的象征，这种象征性符号系统可以包罗万象，它是先民智慧的结晶。卦画的象征意义有不确定性，一个符号可以有多种理解，难于规范。所以易卦强调一个“悟”字。华夏先民仰观于天，俯察于地，事物的道理，也就是变化之道，都是“悟”出来的，于是画出八卦。所谓“伏羲画八卦”是也。后人认识八卦，自然也得要“悟”，才能与先民的智慧相通，正确理解卦画的象征意义。孔子五十以学易，他已经在人生旅途经历了不少坎坷，品尝了人生的酸甜苦辣，他对易学的哲理自然才有通透的理解。没有生活阅历，易卦就是天书。

卦画有象征性，也就有神秘性，并不是大家都好读懂的。经历漫长的岁月，才出现文字的解说。这就是易学的经文，称《易经》。《易经》是解说易卦的，毛附于皮，彼此就不能脱离。我们今天说“易经”包括了卦画与文字，因为单独的经文是不能成立的。应该明白，经文的作者是以自己对易卦的理解写出来的，仅是一家之言吧，当然就有局限性，未必完全符合卦画的象征意义。所以易学才有发展，才会出现以后的若干一家之言。经文的作者不愧是一位高人，他一定经历了种种磨难，对自然之理、人生之道大彻大悟，才能对卦画的内涵做出如此高深的理解。这就是周文王“演八卦”。后人的解说没有谁能超过他，文王的经文就堂而皇之稳坐在易学的殿堂，并受到后学者的顶礼膜拜。

到了春秋后期，崇尚文王、周公的孔子，继承发展了周公“制礼作乐”创制的鲁文化，创立儒家学说。孔子传道，办私学，给学生讲授《易经》，整理出来就是我们看到的“易传”，又称“易大传”“周易大传”。传是解说《易经》的，因为经文难懂。《易传》分十篇，又称“十翼”。我们说“易经”，是不包括“易传”的。不过，《易传》是易学中很重要的一个部分。要读懂《易经》还得以《易传》做阶梯，“以传通经”是也。后世学人，大体都走这个路子，尤其是儒家学者更不会对孔子的《易传》视而不见。

易卦体现的是中华元文化，解释卦画的《易经》是唯一一部被儒家、道家共同尊奉的哲理著作，也是唯一一部对自然科学和人文科学都产生过重大影响的典籍。

## 三、关于易卦

易学的最初形式是卦画，画就是符号。没有文字，就以符号系统表达人对自然、对人事的基本认识。易卦的基本符号是⚊和⚋，这叫爻。⚊叫阳爻，⚋叫阴爻。八卦、六十四卦，都是由这两个基本符号重叠交错组成的。八卦只有三爻，六爻的组合就是六十四卦。

易学是讲哲理的，任何哲理得首先回答两个问题：宇宙怎么来的，人怎么生的。

老子以“道”作为宇宙的根源，所谓“道生一，一生二，二生三，三生万物”。“道生一”就是道生成它自己。“一”即是道，“万物得一以生”，这也就是庄子说的“主之以太一”。司马光说得好：“道生一，自无入有。”北宋周敦颐提出以太极为中心的创世说，“无极而太极”。无极就是道，是一、太一，是生成万物的元气。这样宇宙的发展公式就是：无极—太极—阴阳—万物。孔子在《系辞传》中说：“易有太极，是生两仪。两仪生四象，四象生八卦。”

易学很重视太极，儒家、道家都视之为宇宙万物之源。后世的太极图，里面是阴阳二鱼相拥，已含有阴阳两仪在内了。太极之前的“无极”是指无阴阳之分的混一元气，就好理解了。所以“气之清轻，上浮者为天；气之重浊，下凝者为地”，就再明白不过了。

两仪就是阳爻⚊、阴爻⚋。四象指二者的重叠为四：⚌老阳、⚍少阴，⚎少阳、⚏老阴。再重叠阴与阳，三爻形成八卦：老阳⚌重阳为☰乾卦，老阳⚌重阴为☱兑卦；少阴⚍重阳为☲离卦，少阴⚍重阴为☳震卦；少阳⚎重阳为☴巽卦，少阳⚎重阴为☵坎卦；老阴⚏重阳为☶艮卦，老阴⚏重阴为☷坤卦。三爻的卦称“小成卦”，六爻的卦称“大成卦”。

大成卦双重的上者为上卦，又称外卦；下者为下卦，又称内卦。

六爻是由下往上的顺序，称为初爻、二爻、三爻、四爻、五爻、上爻。阳爻称九，阴爻称六。初九、初六，九二、六二，……九五、六五，上九、上六。

内卦与外卦，外卦是主要的卦。六爻之中，分主爻、辅爻。内卦主爻在二爻，外卦主爻在五爻。辅爻围绕主爻，主爻在全卦中起主导作用。三爻的小成卦，上爻是天位，初爻是地位，中爻是人位。六爻的大成卦，初爻、二爻是地位或地道，五爻、上爻是天位或天道，中间三爻、四爻是人位或人道。每卦的哲理意义，从初爻到上爻，逐层推进，层层深入。

宋代朱熹的《周易本义》是读书学子的教材，载有“八卦取象歌”，便于记忆。文字是：乾三连☰，坤六断☷，震仰盂☳，艮覆碗☶，离中虚☲，坎中满☵，兑上缺☱，巽下断☴。可根据口诀画出八卦，一点都不繁难。

八卦取象：乾为天，坤为地，震为雷，巽为风，坎为水，离为火，艮为山，兑为泽。此八卦自身重叠为八纯卦。六十四卦除八纯卦，其余五十六卦叫覆卦。《周易本义》也载有口诀：乾䷀为天，天风䷫姤，天山䷠遯，天地䷋否……也是为了帮助记忆。八卦是易卦的基础，掌握了八卦，六十四卦也就不难了。

## 四、易卦的序次

八卦、六十四卦怎么排列，是应该弄清楚的。

古有三易之说，《周官》云：“太卜掌三易之法，一曰连山，二曰归藏，三曰周易。”汉代大师郑玄以为：“夏曰连山，殷曰归藏，周曰周易。”杜子春云：“连山伏羲，归藏黄帝。”三易反映了易学的发展阶段。首先，是对画卦的解说不同，各有其象与数，各成一家之言；其次，易卦的排列次序是各有体系。连山为重艮䷳，归藏为重坤䷁，周易为重乾䷀开始。连山最古，艮为始，山林生活，应是游牧时期；归藏坤为始，象征“万物莫不归藏其中”，亦说畜牧时期，坤为地，关切土地；周易乾为始，是农耕时期，乾为天，重视天时。

阴阳，或云坤乾，反映了重阴重坤的母系社会文化思维。我们习惯说“阴阳”，是秉承了最初的元文化因子；又说“乾坤”，那是《周易》哲理的传承。

八卦的次序，则依据“太极生两仪，两仪生四象，四象生八卦”的解说，不看重四象（太阳、少阴、少阳、太阴），而强调八卦顺次：乾一、兑二、离三、震四、巽五、坎六、艮七、坤八。这就是《周易本义》所载“伏羲八卦次序”。该书还载有“文王八卦次序”，“乾父坤母震长男”之类，《说卦传》的排序是乾父一、坤母二、震长男三、巽长女四、坎中男五、离中女六、艮少男七、兑少女八，除了乾父坤母，其余称“六子”。因为它实指卦象，有人就不看重这个排序。值得注意的是“八卦方位”，八卦配八方。“伏羲八卦方位”乾南坤北，从乾一到坤八，是个S形。“文王八卦方位”坎北离南、震东兑西，到今天还在使用着。乾西北、坤西南、艮东北、巽东南，这四个还用于地平方位中，在生活中广泛使用。

马王堆汉墓出土有帛书《易经》，卦序排列与今本不同。八卦次序是：坤一、乾二、兑三、艮四、离五、坎六、巽七、震八。先阴后阳，体现了“《归藏》之旨”。今本八卦六子的次序是长、中、少，帛书六子的次序是少、中、长。

值得研究的是“伏羲八卦次序”，既称伏羲，当是古易，必是阴阳坤乾，当是坤一、艮二、坎三、巽四、震五、离六、兑七、乾八。以此来释读“伏羲八卦方位”，从坤一、艮二、坎三、巽四，正是顺乎天象的左行；再从震五、离六、兑七到乾八，也是顺行。与前面的方位呈反S形。这才是真正的“伏羲八卦次序”，真正的“伏羲八卦方位”。八卦方位之内是一个圆圈，是太极，太极中从坤一、艮二、坎三、巽四顺行，两阴阳鱼相拥就完全符合天道左行，才真正体现中华元文化的精髓。很明显，乾一坤八是《系辞传》作者自己的理解。

六十四卦的次序有两个系统。一个是《周易正义》载的“伏羲六十四卦方位”。乾一、兑二、离三，凡横读，内卦都一样；凡竖读，外卦都一样。古代的顺次很明白，应该是始于坤，坤一、艮二、坎三到乾八。后人只顾用乾一、兑二自己的认识去解读，确实走了样。帛书《易经》六十四卦次序是：乾一、否二、遯三、履四、讼五、同人六、无妄七、姤八、艮九……就前面八卦的排列看出，与今本不同，它是“伏羲六十四卦方位”的竖读，乾一竖读就是这八卦，然后艮二竖读就是艮九、大蓄十、剥十一……然后坎三竖读，得十七至二十四卦；然后震四竖读，得二十五至三十二卦；然后坤五竖读，得三十三至四十卦；然后兑六竖读，得四十一至四十八卦；然后离七竖读，得四十九至五十六卦；然后巽八竖读，得五十七至六十四卦。（见《文物》1984年第3期）

现今《易经》六十四卦的次序，也是后人确定的。上经三十卦，从乾、坤到离，下经三十四卦从咸、恒到未济。《易传》中有一篇《序卦传》把这个次序安排的理由做了说明。我倒是觉得，还是“伏羲六十四卦方位”的次序好，内卦、外卦都基于八纯卦的交错重叠，简明而实用。

六十四卦序次

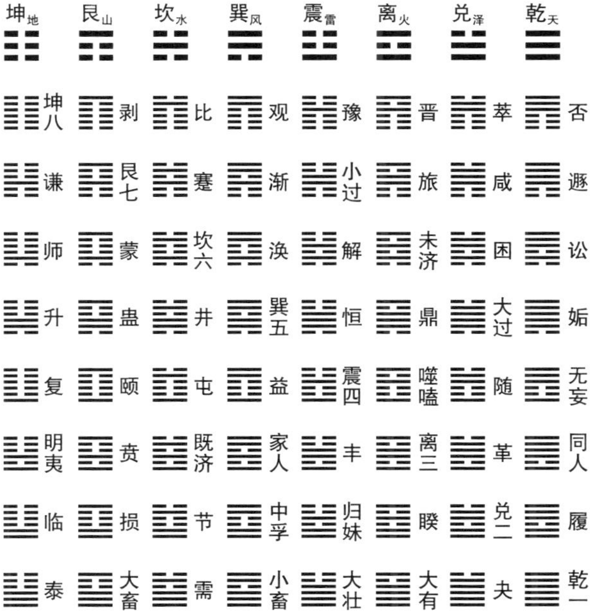


此图的特点：竖看上卦同，横看下卦同

## 五、易学与数

读《易经》，有初六、上六、六二、六三，初九、上九、九二、九三之类，阴爻叫六，阳爻叫九，为什么这么读，有必要说一说。

人类文明，数学至关重要，在人们的生活中，数学无处不在。数字是数学的符号，是代码，简明便捷。数字的基本符号从1到10，以十进位。计数用十，因为人有十指，最便于表数。十，已经进位，《易经》就取从1到9，九个数。1、3、5、7、9是奇数，代表阳；2、4、6、8是偶数，代表阴。1、2、3、4，数小，是生数；6、7、8、9，数大，是成数。先有小，后有大，大数是小数的积累。其中的枢纽是5，5+5得10，可进位。生数1+5，得成数6；2+5得成数7；3+5得成数8；4+5得成数9。易学取成数6、7、8、9做代号，6、8为阴，8叫少阴，6叫老阴；7、9为阳，7是少阳，9是老阳。阴阳有消长，阴气往下，故取老阴6，6中含少阴8；阳气向上，故取老阳9，9中亦含少阳7。

刘师培（1884—1920）说："《易经》为数学所从生。以卦爻代数学之用。《易》爻之分阴阳，犹代数之分正数负数也。"

中医以五行学说为理论，五行与八卦相为表里。东方阳动以散而生风，风生木，生数三；南方阳极而生热，热生火，生数二；西方阴止以收而生燥，燥生金，生数四；北方阴极而生寒，寒生水，生数一；中央阴阳交而生湿，湿生土，土者五也，五居中央而统四方。

古人又有“八卦九宫五行图”，把这些关系图表化。

南　夏
（火）

| | | | | |
|---|---|---|---|---|
| | 巽<br>四 | 离<br>九 | 坤<br>二 | |
| 东<br>（木）<br>春 | 震<br>三 | 中（土）<br>五 | 兑<br>七 | 西<br>（金）<br>秋 |
| | 艮<br>八 | 坎<br>一 | 乾<br>六 | |

（水）
北　冬

如果简化为数，就有下图：

| | | |
|---|---|---|
| 4 | 9 | 2 |
| 3 | 5 | 7 |
| 8 | 1 | 6 |

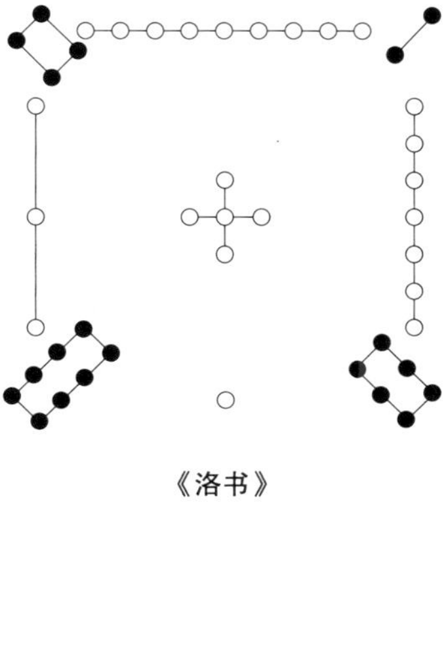

《洛书》

这样，每行每列每条对角线上的三个数的和都等于15。这就是九个数组合成的《洛书》，只不过它是用小圆圈表示罢了。《洛书》的数字配置是依据参天两地的法则。奇数1、3、5、7、9为阳，象征天道；偶数2、4、6、8为阴，象征地道。阳气始于北方，左旋，经过东方，到南方极盛，继续左旋，到西方减弱。五个奇数的方位配置是：北方阳始生，配1；东方阳气渐长，配3；南方阳气极盛，配9；西方阳气渐消，配7。地道运行的规律是：阴气由西南角发生，右旋，到东南角渐长，到东北角极盛，到西北角渐消。四个偶数的配置方位就是，2在西南，4在东南，8在东北，6在西北，偶数配置在四隅。《洛书》与“八卦九宫五行图”完全吻合。《洛书》只用数来表示。黑白所代表的阴阳自然是《洛书》的核心。

《周易本义》还载有《河图》，也是数字的组合显示阴阳的变化。白圈○1、3、5、7、9是阳数，黑圈●2、4、6、8、10（5+5）是阴数。简化为数，就有下图：

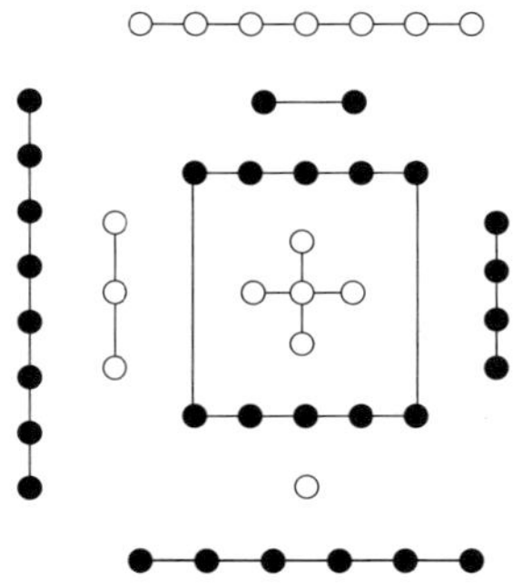

《河图》

看了这个《河图》，再读郑玄的解说：“天一生水于北，地二生火于南，天三生木于东，地四生金于西，天五生土于中……地六成水于北，与天一并；天七成火于南，与地二并；地八成木于东，与天三并；天九成金于西，与地四并；地十成土于中，与天五并。”这中间就没有不好懂的了。天地，指阴阳；生数一二三四五，成数六七八九十。配合金木水火土五行，配合东南西北中方位。如此而已。

《河图》用黑圈、白圈表示阴阳，那是易学的精髓，易学的灵魂；又用1、2、3、4、5……这十个数来表示阴阳的变化，真是言简意赅。具体地说：北方是阴气极盛而阳气始生的地方，故用1配置于北方，1是最小的阳；有生有成，成数6也配置于北方，6是极盛的阴。这就是“天一生水，地六成之”。相反，南方是阴气始生的地方，故用2配置在南方，2是最小的阴；将成数7配置于南方，就有“地二生火，天七成之”。东方是阳气渐长的地方，生数3配置在东方，成数8配置在这里，就是“天三生木，地八成之”。西方是日落的地方，阴气渐长，将生数4配置在西方，成数9配置在这里，就有“地四生金，天九成之”。五行中央土，中央是中心之地，将生数5配置在中央，成数10配置在这里，这就是“天五生土，地十成之”。十个数，黑白圈，组合成《河图》，既有东南西北中方位，又表示了金木水火土五行，核心当然是易学的阴阳。

珠海刘明武先生依据彝族文献《土鲁窦吉》（意即宇宙生化）研究，认定《洛书》表达的是十月太阳历，《河图》表达的是十二月历。彝族文化所保存的图书，一有图书之形，二有图书之数，三有图书的详尽解释。图书的内容，彝族文化对《河图》《洛书》的解释，有信史价值。由于失传了十月太阳历，汉文化已经不能解释《河图》《洛书》。解释不了《河图》《洛书》，阴阳五行就成了无本之木、无源之水。彝族的《土鲁窦吉》正好弥补了这个空缺，把中华元文化展示得清清楚楚。《河图》《洛书》、八卦、阴阳五行、天干地支等一系列千古难题，彝族的十月太阳历做出了完美的解答。刘明武的研究，不仅解释了中华文化的源头，摘掉了中华文化玄学的帽子，甚至能从中找到后现代化的哲学基础。

## 六、周易的作者

1985—1986年度，我在吉林大学从金景芳老先生学《易经》。金老每周讲两次，尔后讲课录音整理出版了《周易讲座》。研讨中，一位汤姓学友谈到伏羲画卦，惹得金老不高兴。后来汤姓学友引经据典又有发挥，金老真的生气了，上课前就此狠狠发了一通脾气。我明白，金老是不赞同伏羲画卦之说的。而汤姓学友始终也不服气。在周易的作者这个问题上，我总是小心翼翼，不轻易谈及。

就文献记载，涉及伏羲画卦就不止一次，似乎是不好否定的。影响最大的是《系辞传》，明确说道："古者包羲（伏羲）氏之王天下也，仰则观象于天，俯则观法于地，观鸟兽之文，与（舆）地之宜，近取诸身，远取诸物，于是始作八卦。以通神明之德，以类万物之情。"

司马迁《史记·太史公自序》说："伏羲至纯厚，作易八卦。"在《日者列传》中说"伏羲作八卦"。刘歆说："伏羲氏继天而王，受河图而画之，八卦是也。"孔安国也说："伏羲氏王天下，龙马出河，遂则其文，以画八卦。"

否定伏羲画卦最具影响的是郭沫若。他有《中国古代社会研究》，有《周易之制作时代》，明确地说：“八卦并非作于伏羲，是毫无疑问的。”伏羲这个人“是出于周末学者的虚构”，“把八卦的著作权送给伏羲，完全是虚构上的一重虚构”。此前，疑古派已经对中国古史有了若干的否定，作为反对旧文化、提倡新文化的郭沫若与疑古派的观点合拍，那是很自然的。

如果从中华文化的角度去探求，郭沫若说是不可取的。中华文化是务实的，排斥虚无缥缈。我们祖先崇敬天地山川，天覆地载恩，山川养育恩。天地山川是神灵、是人类的父母。神化了，又人性化，就得有名有姓，显得实实在在。河神、海神、东海龙王、玉皇大帝，都是实名制。伏羲，就是华夏祖先的代称，或者说母系社会的代称。何必要去考查他的身世及其年月日呢！郭沫若偏又说得好：“它的作者不必是一个人，作的时期也不必是一个时代。”应该这样来理解“伏羲”，理解“伏羲画八卦”。

不妨用一个蹩脚的比喻。当代人说“毛泽东思想”，不等于是毛泽东个人的思想，那是中国共产党人集体智慧的结晶，毛泽东是这个集体的代表罢了。

我们的祖先画了八卦，先民归功于伏羲，再进一步，重叠为六十四卦，还是归功于伏羲。笼统地说，华夏祖先画八卦，还不如说“伏羲画八卦”，这才符合中华文化的平实。

易卦的象征性，那就凭各人的感悟了。于是就有文王演易。文王演易，于史有据。司马迁说得最为明白。文王的“演”，自来解说不一。有人说，先前有八卦，文王演为六十四卦。其实，八卦不足以显象，重叠为六十四卦也就不难，文王之前应该有的。文王拘牖里，他是在感悟易卦的象征意义。他把他的感悟写出来，应该就是卦辞。所以，王弼说“文王作卦辞”。卦辞仅仅是文王的一家之言啊。因为面对易卦，各人都有各人的感悟。在那时，文王理解最好，又有条件宣扬，成了后世经典就不足为怪。除了六十四卦辞，还有三百八十六爻辞（含乾卦的用九、坤卦的用六）。文王未必能独自完成，他的儿子周公旦必有补充，所以又有“周公作爻辞”说。因为有的爻辞文句明显在文王之后。还是用郭沫若的话，“它的作者不必是一人，作的时期也不必是一个时代”。《易经》卦爻辞著作权归于文王，还是说得过去。

再看《周易大传》的作者，汉代人皆归于孔子，也不算是向壁虚构。当然，也不必是他一人，还包括了他的若干学生。儒家弟子的集体创作，先师做了法人，有何不妥呢！刘大钧《周易概论》指出，其基本部分“是战国初期至战国中期写成”。大体如此吧。

## 七、易卦之象

象、数、辞是构成易学的三大要素。象就是卦画，数是卦画的代码，象、数是符号系统，辞是文字系统。辞是解读象、数的。卦辞、爻辞是明显的占筮解读，说明易学与上古占筮活动有密切关系。后人把易学与占卜算命联系起来，不是没有道理的。孔子的《易・大传》即“十翼”是对象、数的哲理解读，从此奠定了易学的“义理”基础，形成了义理派易学。之外，还有象数派易学。

作为义理的易学，十分重视易卦之象。因为卦画始终是文字解读的依托，文字解读的出发点。我们说，卦画是一种象征性符号，象征些什么？也就是说，你从卦画中能“悟”出它象征些什么？天地山泽雷风水火，是八卦之大象，易学之根本。除此之外，应该说是人言言殊，各有表述。我们不得不佩服“十翼”的作者，看看他对卦象的理解。

《说卦传》第八章：“乾为马，坤为牛，震为龙，巽为鸡，坎为豕，离为雉，艮为狗，兑为羊。”这就是“远取诸物”，取动物之象为卦画的象征。

《说卦传》第九章：“乾为首，坤为腹，震为足，巽为股，坎为耳，离为目，艮为手，兑为口。”这就是“近取诸身”，取人体自身之象为卦画的象征。

《说卦传》第七章：“乾，健也；坤，顺也；震，动也；巽，入也；坎，陷也；离，丽也；艮，止也；兑，说（悦）也。”以人之性情为象征。

《说卦传》第十一章：“乾为天、为圜、为君、为父、为玉、为金、为寒、为冰、为大赤、为良马、为老马、为瘠马、为驳马、为木果；坤为地、为母、为布、为釜、为吝啬、为均、为子母牛、为大舆、为文、为众、为柄、其于地也为黑；震为雷……”这是在扩展八卦之象征意义，所谓“广象”，很多地方令人不解，难道不觉得有些随心所欲吗？这个象征意义，的确有随意性。真的，就那么个符号，看你怎么去“悟”，也许各有“悟”法，只要求言之成理。所以，对卦画、卦辞的解说，不妨视为一家之言。看死了，僵化了，还有什么易学？

当然，有人就研究，为什么“乾为天、坤为地……”，为什么“乾为马、坤为牛……”？不妨看看，“物性马最健，得阳刚之精，昼夜不眠。在天为龙，在地为马，皆乾行也”；“牛性柔顺，属土属阴，不动即眠，起先后足，与马相反。牛为大物，故物从牛”。这就是玩象会意，体会古人“悟”易之道，不能说都是穿凿附会。因为它是有体系的，很难全盘推翻，也不能视而不见。

其实，《说卦传》第十一章所载诸象，是在前几章基础上对八卦象征意义的触类引申，欲以此覆盖万物。比如：乾，有精刚之气，故有金玉之象；乾无方无体，周转不息，故有圜、木、果之象；为君为父，则又取其为首为尊之义……这样，一切现象、形象，即有形可见的具体物象和虽无形可见但可以感知的事象，都是八卦所能表达的“象”。

孔子说：“圣人立象以尽意。”即先民用八卦符号表达他的思想。反过来，我们要判断卦意，也必须依据卦象。八卦能够用来“占断”，“系辞焉而明吉凶”，还是因为八卦有“象”。这就有了“取象法”，就是用卦象所象征的事物，来解说卦辞和爻辞，论证事物的吉凶。《左传》上的几个筮例都可以用取象法得到解说。

总之，要了解易学，八卦所能表达的象，是得弄明白的。

**附：风雷与艮兑**

《周易知识讲座》（十二）发出之后，富源教授提出一个问题，就八卦“二二相耦”说，应该是巽震（风雷）、艮兑（山泽），怎么又是震艮、巽兑呢？问题提得好极啦，应该说明。

八卦取象，乾坤即天地，坎离即水火，巽震即风雷，艮兑即山泽。这是不错的。这就是《说卦传》所谓“天地定位，山泽通气，雷风相薄，水火（不）相射；八卦相错”。两两构成对立面的统一，相反相成。

天地水火风雷山泽，这是八卦之象，基本象。八卦能生出无穷无尽的物象，能象征世上万事万物。八个基本象是其他众多物象的根本。每卦基本象之外，还有诸多象征。如艮卦，艮为山，基本象，还有止、狗、手、径路、小石、门阙、果蓏、鼠、指、阍寺、木之坚多节等。艮，止也，狗守家，止外人，故“艮为狗”。艮为山，山有峰，手指手掌如山峰，故取象“为手”。山上之路皆为小径，故艮为径路。山上多石，艮为少男，为小，故艮为小石。“为门阙”，门之两旁筑台，其台谓之阙，也称观。艮为山，门阙高崇，似两山对峙，故艮为门阙。“为果蓏，木实为果，草实为蓏，取其出于山谷之中也。”“为阍寺”，阍人守门，寺人守巷，禁止人妄入门巷，故取阍寺为象。“其于木也为坚多节”，坚硬之木正好做禁人止物之器，故取以为象。（引自廖名春《周易经传十五讲》第258页）凡有取象，皆可明其意。得仔细琢磨。

今本《易经》五十一震卦与五十二艮卦配对。震卦讲震惧，艮卦讲限止。一动一静。五十七巽卦与五十八兑卦配对。巽卦讲隐入之理，兑卦讲显现之事，一隐一显。还是“二二相耦”。由于取象不同，必然有如此变化。如果固守八卦基本象，就显得死板啦。

## 八、“三易”之说

据《周礼·大卜》：“大卜……掌三易之法，一曰连山，二曰归藏，三曰周易。”这就是中国古代“三易”之说：连山、归藏、周易。配合夏商周“三代”，即夏代连山易、商代归藏易、周代周易。

三易有何不同？形式上看，首卦不同，也就是卦序不一样。连山易是夏代易学，以艮卦开头，艮为山，象征“山之出云，连绵不绝”。

归藏易是商代易学，以坤卦开头，坤为地，象征“万物莫不归藏其中”。

周易是周代易学，由乾卦开头，乾为天，象征“天为大”，一切尊崇天道。

为什么首卦不同，就有不同的解读？这当然是古代社会形态决定的。

上古时代，或者说五帝时代，对人类的威胁主要是两个，如《孟子》说：“禽兽繁殖，禽兽逼人”，“洪水横流，泛滥于天下”。舜使益掌火，益烈山泽而焚之，禽兽逃匿，人民安居。举禹治水，疏通九河，水流入海入江，人民居安。

益、禹有大功于天下。掌火、治水，让天下人安居乐业，生存有了保障。

黄河中游是大平原，洪水一起，必然泛滥成灾，人们的依靠就只有山林，山就是唯一的依靠。艮为山，艮卦放最前，反映远古时代人们对大山的敬畏。况且，炎帝也称“连山氏”，伏羲画卦，经炎帝时代，直至夏代，易卦也称“连山易”。

所以，连山易并不始于夏代，夏代以前早就有了，后人把易卦与大禹治水联系起来，将“连山”视为夏易，也属情理之中。

人类社会，经历过母系社会，反映在三皇时代就是女娲那时候。这是一个漫长的时代。乾为天，坤为地。天为父，地为母。坤卦为前的归藏易，就是母系社会的见证。传说中，商民族的祖先叫“契”。契的母亲叫简狄。见玄鸟产蛋，简狄拾蛋吞之，就孕而生契。这是一个“知其母，不知其父”的社会。于是商人以玄鸟为图腾，母系社会就有了他们的祖先。商人将“连山易”改为“归藏易”，取义“万物莫不归藏其中”，即一切都来自伟大的母亲简狄，万物都来自母亲。有这一认识，易改名称，易卦第一卦也改为坤卦，显示母系社会的遗风。

改变“归藏”的名称，将乾卦放最前面，应该是周文王的举措。文王被纣王拘于羑里，演绎周易。作卦辞、爻辞，解读易卦，于是有了易“经”，那是文字的解说，当然了不得。这个解说是周人的解说，归功文王，称“周易”就顺理成章。周人取得天下，自然不再用“归藏”之名。乾为天，天为大，一切尊崇天道。这是周文王的感悟。替天行道，顺天而行，必吉；违背天道，逆天而行，必凶。文王的卦辞、爻辞往往用了这些占断语词。卦辞、爻辞，不外是天道、人世的两个方面，文王的解读就是从这两处入手。

这里的“周易”，后人的理解就是周文王的易学，周代的易学。

## 九、关于《易传》

《易传》，又称“易大传”。据说是孔子所作，共十篇，故又称“十翼”。

说是“十”，其实七篇。即：《彖传》《象传》《系辞传》《文言传》《说卦传》《序卦传》《杂卦传》。因为《彖传》《象传》《系辞》又分上下，就成了十篇，“十翼”了。

《易传》是解说《易经》的，是孔子及后学对经文的解读，给后人很多启发。孔子是圣人，儒门后学是非常看重《易传》的，认为是解读经文的钥匙，是入易之门户。从《易传》入手读《易经》，是两千多年的传统。

第一，《彖传》。分上、下篇，解释卦辞。卦名寓于卦辞之中，《彖传》兼释卦名，进而释卦义。

第二，《象传》。分《大象传》《小象传》。

《大象传》，六十四条，分别解释六十四卦，卦名、卦义。

《小象传》，三百八十六条，分别解释三百八十四条爻辞，两条用辞。

第三，《系辞传》。分上、下篇。讲筮法大义，占筮的原则和体例。（汉石经列为第三，今本易学列为第四）

第四，《文言传》（今本易学列第三）。“文饰乾坤两卦之言”，释乾坤两卦之卦辞、爻辞。其他六十二卦无《文言传》。

第五，《说卦传》。六画卦的象数和义理，八经卦的取象，八经卦的关系和卦位。

第六，《序卦传》。六十四卦的次序，是诸卦前后相承的专论。

第七，《杂卦传》。以卦象对举见义，是揭示六十四卦卦德的专论。

今本易学的代表作是朱熹《周易本义》，是教科书，儒家后学必读。他把《彖传》《象传》《文言传》嵌入经文（卦辞、爻辞）之中，所以《文言传》列为第三。朱子《周易本义》将《系辞传》《说卦传》《序卦传》《杂卦传》作为专论，故在六十四卦之后。

有的易学书，只讲六十四卦。不涉及《易传》。占筮预测学，往往依据卦画，用经文占断，预测，不采用《易传》的哲理文字。

有的易学书，把《大象传》《小象传》嵌入六十四卦经文，解读《易经》。如《易经的白话翻译》。

有的易学书，只讲经文六十四卦，《易传》另做解说。廖名春《易学十五讲》就是这样。

不少易学书，是易学的综合讲解。如《周易概论》（刘大钧著）、《周易阐微》（吕绍纲著）、《周易新论》（宋祚胤著）、《周易非易》（刘坤生著）等等。

就是说，易学书分两大类，一类是有关六十四卦的解读，一类是综合式的研究。

## 十、先天八卦与后天八卦

朱子《周易本义》载伏羲八卦次序、伏羲八卦方位，又载文王八卦次序、文王八卦方位，作为易学教材，伏羲的“先天八卦”与文王的“后天八卦”学易者还是得弄清楚的。

伏羲八卦的次序即：

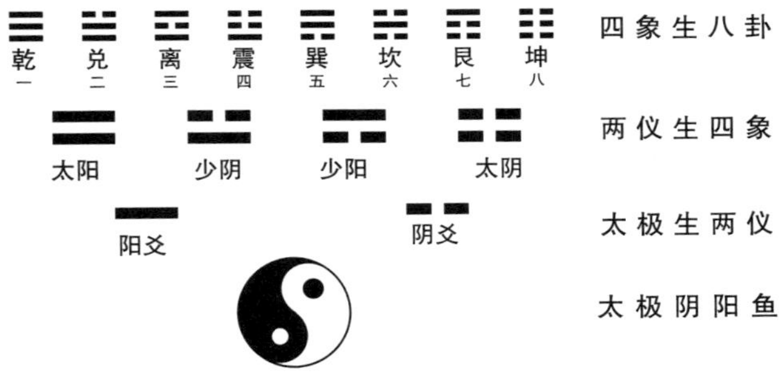


这就是《象辞传》说的，易有太极，是生两仪，两仪生四象，四象生八卦。之后，六十四卦做此排列：乾、夬、大有、大壮、小畜、需、大畜、泰。伏羲八卦方位，即《说卦传》：天地定位，山泽通气，雷风相薄，水火（不）相射，八卦相错。数往者顺，知来者逆。八卦方位如图：

此图八卦次序由乾一兑一离一震，是左旋的。由巽一坎一艮一坤，右旋，“逆”也。左旋为顺，右旋为逆。由乾一坤，就是阴阳鱼的太极图雏形。

文王八卦次序，如图：

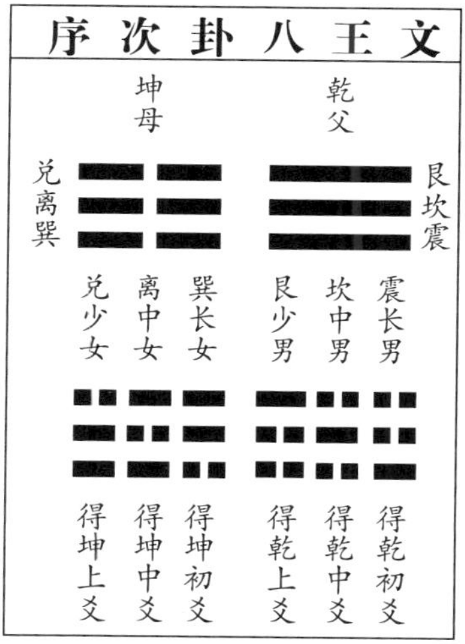


文王八卦方位，即：

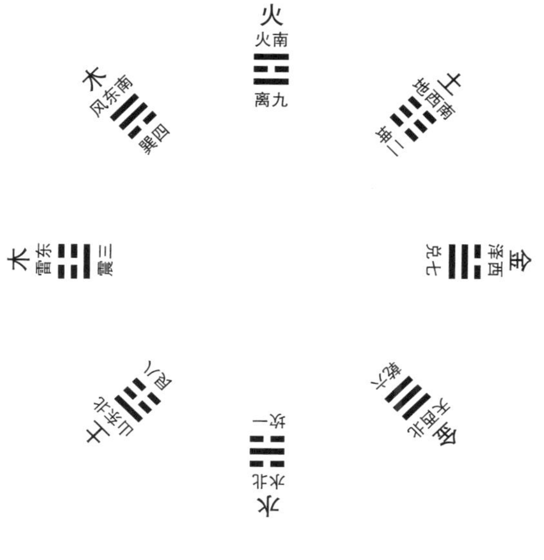

这就体现：乾西北，坤西南，巽东南，艮东北。乾坤巽艮补填了地平二十四方位。或者说，乾坤巽艮四卦在地平方位图上有了位置。

邵雍说：此文王八卦，乃入用之位，后天之学也。

| | | | | | | | |
|---|---|---|---|---|---|---|---|
| 坤 | 剥 | 比 | 观 | 豫 | 晋 | 萃 | 否 |
| 谦 | 艮 | 蹇 | 渐 | 小过 | 旅 | 咸 | 遯 |
| 师 | 蒙 | 坎 | 涣 | 解 | 未济 | 困 | 讼 |
| 升 | 蛊 | 井 | 巽 | 恒 | 鼎 | 大过 | 姤 |
| 复 | 颐 | 屯 | 益 | 震 | 噬嗑 | 随 | 无妄 |
| 明夷 | 贲 | 既济 | 家人 | 丰 | 离 | 革 | 同人 |
| 临 | 损 | 节 | 中孚 | 归妹 | 睽 | 兑 | 履 |
| 泰 | 大畜 | 需 | 小畜 | 大壮 | 大有 | 夬 | 乾 |

韩国的国旗，中间是太极阴阳鱼，象征丰富，蓝色为阴，红色为阳。万物是由阴阳物质所构成的。左上角为乾卦，代表天；右下角为坤卦，代表地；左下角为离卦，代表火；右下角为坎卦，代表水。这里就含有“天倾西北，地不满东南”的意思。

## 十一、分宫卦象歌

朱子《周易本义》为便于初学者入门，编有《八卦取象歌》：

乾☰三连、坤☷六断、震☳仰盂、艮☶覆碗
坎☵中满、离☲中虚、兑☱上缺、巽☴下断

接着又有“分宫卦象次序”，注明：乾、坎、艮、震为阳四宫，巽、离、坤、兑为阴四宫。每宫阴阳八卦。

乾为天　天风姤　天山遯　天地否　风地观　山地剥
火地晋　火天大有　坎为水　水泽节　水雷屯
水火既济　泽火革　雷火丰　地火明夷　地水师
艮为山……震为雷……

每八卦中，前四卦有规有矩，后四卦就乱了秩序。不如：

乾为天　天地否·天山遯·天水讼·天风姤·天雷无妄·天火同人·天泽履·天天乾
坎为水　水地比·水山蹇·水水坎·水风井·水雷屯·水火既济·水泽节·水天需
艮为山　山地剥·山山艮·山水蒙·山风蛊·山雷颐·山火贲·山泽损·山天大畜
震为雷　雷地豫·雷山小过·雷水解·雷风恒·雷雷震·雷火丰·雷泽归妹·雷天大壮
巽为风　风地观·风山渐·风水涣·风风巽·风雷益·风火家人·风泽中孚·风天小畜
离为火　火地晋·火山旅·火水未济·火风鼎·火雷噬嗑·火火离·火泽睽·火天大有
坤为地　地地坤·地山谦·地水师·地风升·地雷复·地火明夷·地泽临·地天泰
兑为泽　泽地萃·泽山咸·泽水困·泽风大过·泽雷随·泽火革·泽泽兑·泽天夬

这样横看竖看都有规律。横看第一字卦象同，竖看第二字卦象相同。

自然，不分阳四宫、阴四宫的话，用乾一、兑二、离三、震四、巽五、坎六、艮七、坤八，用数字代码，更为方便。

| | | | 上卦 | | | | | | | |
|---|---|---|---|---|---|---|---|---|---|---|
| | | | 天 | 泽 | 火 | 雷 | 风 | 水 | 山 | 地 |
| | | | 乾一 | 兑二 | 离三 | 震四 | 巽五 | 坎六 | 艮七 | 坤八 |
| 下卦 | 天 | 乾一 | 乾 | 夬 | 大有 | 大壮 | 小畜 | 需 | 大畜 | 泰 |
| | 泽 | 兑二 | 履 | 兑 | 睽 | 归妹 | 中孚 | 节 | 损 | 临 |
| | 火 | 离三 | 同人 | 革 | 离 | 丰 | 家人 | 既济 | 贲 | 明夷 |
| | 雷 | 震四 | 无妄 | 随 | 噬嗑 | 震 | 益 | 屯 | 颐 | 复 |
| | 风 | 巽五 | 姤 | 大过 | 鼎 | 恒 | 巽 | 井 | 蛊 | 升 |
| | 水 | 坎六 | 讼 | 困 | 未济 | 解 | 涣 | 坎 | 蒙 | 师 |
| | 山 | 艮七 | 遯 | 咸 | 旅 | 小过 | 渐 | 蹇 | 艮 | 谦 |
| | 地 | 坤八 | 否 | 萃 | 晋 | 豫 | 观 | 比 | 剥 | 坤 |

上卦与下卦相连，重天为乾，天泽为履，天火同人，天雷无妄，天风姤，天水讼，天山遯，天地否……

上下组合，随口诵读，并不繁难。这是今人用数字排列组合帮助记忆六十四卦卦象次序。

## 十二、易学的智慧

易学，包括易卦、《易经》及《易传》，它是中华民族最古老最深邃的经典，它是中华民族五千年智慧与文化的结晶。易学，作为群经之首，大道之源，它在五千年历史长河中处处发挥着经天纬地的无穷无尽的力量，大到安邦治国、兼济天下，小到独善其身、明达君子志向。

学易，全在一个“悟”，领悟、体悟易学的奥妙。悟，就是心领神会。对深邃的易学哲理有深层次的感悟，铭存于心，反复玩味，然后身体力行，终生受用。

人们对万事万物的“悟”，感知，是迥然不同的。有如登泰山观日出，太阳喷薄而出，有人感知它的伟大，无边无际；有人感知它的灿烂，无比辉煌；有人感知它的创造，展现出一个全新的世界；有人感知它的光芒万丈，倍加珍惜人的生命；有人感知它的无穷力量，认知个人的渺小……总之，说不清道不明，全在个人的心领神会。

就易学的内容说，它以乾卦或者说乾坤二卦为首，体现易学崇尚天地，崇尚天道，崇尚自然之道。天地是人类的父母，没有天地，哪来万事万物，哪来人类。人，自然要崇尚天地，敬畏大自然的神功伟力。顺天而行，不可忤逆。敬顺天地，孝顺父母，是每个人的基本道德，这也是做人的起码准则。

八卦，六十四卦，都是“二二相耦”的，乾坤（天地）、坎离（水火）、巽震（风雷）、艮兑（山泽）都是成对的。其余：屯、蒙，需、讼，师、比，小畜、履……六十四卦也都是两两相对的。就是说，世上万事万物无不成双成对，男、女，生、死，来、往，上、下，穷、达，愚、智，多、寡，美、丑，善、恶……无一不对。懂得这个“二二相耦”，可以明白，万物都是相依相存的，都生存于这个“对立”之中。作为文化人，你得有“对偶”的概念，你得“属对”，写得一副好对联。这是文化人的基本功。

易学讲卦、讲爻，卦是“二二相耦”的，爻是可变的，阳爻可变阴爻，阴爻可变阳爻，这就是转化。万物都是可转化的。穷可以变富，愚可以变智，少可以变多，小可以变大。天地在运动中，万物也在运动中。人要学会转化，从低级向高级转化，从愚昧向智慧转化。积极向上，奋发努力，最终成为贤人、圣人、智人、哲人。

崇尚天道，就得有天人之和。先民的“天人合一”，就是人道仿效天道。天道，众星绕北极而行，北极是中心，人世间也得有个中心，也得有个“北极”，那就是都城，那就是帝王。天上有“斗九星”（极星位移，后来是“北斗七星”），天下就分九州。天上有垣，地下就有城；地上有水，天上有银河。处处对应。顺天而行，必然地天人和谐。当今的环境保护，就是在调整人与大自然的关系。人文源于天文啊！

易学让我们懂得人际之和。易学讲天道，也讲人道，人世之道。人道就是人与人的和谐相处。到儒家学说，就是“仁”，成了儒学的核心。人的三个层面，对长辈，要孝，孝亲；要尊，尊老。“老吾老以及人之老”就这意思。对平辈、同辈，要敬，“兄事之”，当兄长敬重之。对小辈、幼儿，要关爱，“幼吾幼以及人之幼”。这就做到了“仁”。这就必然达到人际之和。这就是人道，人世之道。

《周易》里140多次提到“中”，中正（正中）、中行（行中）、得中、刚中、在中、中道，尔后发展为儒家的中庸之道。它要求我们处事不偏颇、不激进，要恰到好处。做什么事，都要有个度，不能不足，也不要极端，“过犹不及”，恰到好处最重要。这就是“中”，适度。

归根结底，得靠人的个人修养，这就是身心之和。身体与心灵健康，要修身养性。儒家的“修身、齐家、治国、平天下”，修身是人的第一要务，体现身心之和。心灵要诚，心灵要善，才有身心之和。诚信、善良是人性的根本。

中华文化，道家的修炼，释家的禅定，都注重人自身的品德修养。何等重要啊！“厚德载物”，易学强调的还是品德修养。

个人有修养，社会就和谐，天下就太平。当今的诸多乱象，都可以找到根源。不外违背天道、违背人道，个人私欲滋生蔓延。丢弃了易学精神，必然道德滑坡，教禁无方，乱象丛生。如此而已。

# 《易经·六十四卦》正读

《易经》由乾坤二卦，发展为八卦，再重叠为六十四卦。我们按照这个顺序一一解读，希望弄个明白。

《易经》体现中国人的智慧，中华民族的智慧。一卦一卦都在诠释、歌颂中华民族之美德。一个中国人怎么面对人世上的方方面面，《易经》都在尽力为你做出解答，希望你有一个完美的人生，成为一个智慧的人。

六十四卦，两两配对，天然偶成，组成三十二对，互为补充。每卦都是一篇文章，都有一个中心，都在围绕这个中心讲述一个问题，弄明白每卦的中心之所在，才算读懂了《易经》。

先解读八经卦：乾、坤、坎、离、震、艮、巽、兑。

## 六十四卦之一乾卦

乾下乾上

**卦辞：乾，元、亨、利、贞。**

正读：乾卦的主旨，讲强健之理，《易传·大象传》：“天行健，君子以自强不息。”这样的理解是对的。人当法天，天道强健，君子也得自强不息。自立自强，奋斗不止，当是我中华民族立世之根本。

乾象征天，天道刚健，这是根本（元），才能亨通、顺利、正定。全卦以“龙”为喻，阐述中华民族当自立自强之理。

龙，是中华民族的象征。早在伏羲时代，就“以龙为官”，就有了龙图腾。远古社会“禽兽逼人”，既有恐惧感，也有崇拜感。不同地域的人，有不同的动物崇拜，民族学称为“图腾”，综合各个部族的崇拜标志，就有了华夏民族“龙”的图腾。龙，是多种动物形象的拼凑。龙的崇拜在华夏先民心中已经达到无与伦比的地步。《易经》的作者以龙说事，不言自明，那是说我中华民族当自强不息。

**初九：潜龙勿用。**

正读：龙潜伏在水中，不能发挥作用，正是养精蓄锐的时机。人之初，理当如此。

**九二：见龙在田，利见大人。**

正读：龙出现地上，利好之事，如同大人物出现。见，同现。

**九三：君子终日乾乾，夕惕若，厉无咎。**

正读：君子白日自强不息，夜晚则注重休歇。虽有危险，也无危害。帛书“惕”作“沂”，通“析”，“析”有解除之义，引申为安闲休息（从廖名春说）。“因日而动，因夜以息，唯有道者能行之。”即“因时而动，因时而止”。

**九四：或跃在渊，无咎。**

正读：龙或飞腾而上，或退处深渊，（依时而动）必无危害。

**九五：飞龙在天，利见大人。**

正读：龙飞上高空，利好，如同大人物功成名就。指人生事业有成，达到顶峰。帝王为“九五之尊”，可以从中体味。

**上九：亢龙有悔。**

正读：龙飞上过高之处，有所后悔。是说物极必反，事物到了尽头，要走向反面。“九五之尊”最好，九六就过头了。

**用九：见群龙无首，吉。**

正读：用九，帛书《易经》作“迥九”，即“通九”，全九。乾卦六爻，都是阳爻。群龙出现，都不以首领自居，吉利。不居首，有不居功之义。

## 六十四卦之二坤卦

䷁坤下坤上

**卦辞：坤，元，亨，利牝马之贞。君子有攸往，先迷，后得主，利。西南得朋，东北丧朋。安贞吉。**

正读：以上是卦辞。坤卦，由两个三爻坤组合而成。六爻都是阴爻，阴爻用“六”表达。六爻之后有“用六”一爻，即通同阴爻，全是阴爻。如同“用九”一样，“九”表达阳爻。六十四卦只有乾坤二卦有“用九”“用六”。故六十四卦共三百八十六爻，道理在此。

马王堆帛书《周易》经、传，卦名写作“川”，“川”通“顺”（同声符）。所以坤（川）卦，即“顺”，讲的是柔顺的道理（从廖名春说）。

对读乾（健）卦，一说刚强，一说柔顺，彼此对偶，互为补充。既要刚强也要柔顺，刚柔相济是也。这是从个人修养说，也是中华民族美德之赞歌！

《大象传》：“地势坤，君子以厚德载物。”这是孔子及其门人的解读，影响颇大。所谓“坤象征大地，君子当效法大地，宽厚博爱，包容万物”。理解坤卦为宽厚包容，当然也是一家之言啊。

因为卦画有无限象征意义，各自认识不一，不可能拘泥于一事一物。说坤（川）卦为柔顺，晚于孔门之说，显然也是对“易学”的发展。

卦辞说，坤象征地，元始，亨通，如雌马般柔顺，则吉利。君子做事，开始稀里糊涂（先迷），最后能够成功（后得主），有利。如往西南方，会得到友人相助。如往东北方则会失去友人之助。如果正定维持现状，也是吉利的。

“西南得朋，东北丧朋”涉及八卦卦气说。八卦与八方相配，坎为北方，离为南方，震为东方，兑为西方，乾为西北方，坤为西南方，巽为东南方，艮为东北方。坤主柔顺，柔顺则有人相助，“西南得朋”。艮为山，为限止，必不顺畅，故“东北丧朋”。

**初六：履霜，坚冰至。**

正读：脚踩到了霜，冰雪即将到来。

**六二：直、方、大，不习，无不利。**

正读：人要正直、端庄、宽厚，不反复无常（不习），就没有不利。

**六三：含章，可贞，或从王事，无成有终。**

正读：胸有文才，又正定不张扬，能辅佐君王建功立业，没有大功劳，也有好结果。或，表肯定之辞。

**六四：括囊，无咎，无誉。**

正读：扎紧口袋（括囊），比喻慎言慎行，没有危害，也没有赞誉。

**六五：黄裳，元吉。**

正读：黄色的衣服，最为吉祥。黄色为土色，五行土为中，行事中道，必然吉祥。圆融中道，不偏激。——这是中华文化与西方文化的根本区别。

**上六：龙战于野，其血玄黄。**

正读：阴气极盛，阳气必生。阴阳交会，如群龙争斗必致伤败。玄黄，病也。《诗经·卷耳》："我马玄黄。"《尔雅》云："玄黄，病也。"坤主柔顺，反对争斗。一旦争强斗胜，伤害无疑。柔顺也不能过头，柔顺过头是软弱。软弱可欺，反易引发争斗。

**用六：利永贞。**

正读：六爻都是六（阴爻），永远保持正定就会有利。

乾坤二卦是易卦之本根，一阴一阳而已。乾为刚健，坤为柔顺；乾为天，坤为地。有天地而后“万物资生”（《彖传》），才有六十四卦之完备！

## 六十四卦之二十九坎卦

䷜坎下坎上

正读：坎亦称“习坎”。习，重复义。经卦坎☵，重叠为䷜，这是从卦画说。坎卦的中心在说如何面对坎陷。重坎，则有重重坎陷，重重艰险之义。大象“坎为水”，水流低洼之处，必有坑陷，其引申乃取坎陷之义。

**卦辞：习坎，有孚，维心，亨，行有尚。**

正读：面对重重坎陷，要有诚信（孚），意志坚定，心性不乱（维心），必然亨通，行事也有上好结果。（尚，通“上”）

**初六：习坎，入于坎窞，凶。**

正读：面对重重坑陷，掉进陷阱，结果凶险。

**九二：坎有险，求小得。**

正读：陷坑毕竟危险，不要想一下子脱离危险，先要求得小的帮助脱险。

**六三：来之坎坎，险且枕，入于坎窞，勿用。**

正读：来之，指来往，来来往往，即前前后后皆是坑陷，重重坑陷。当然危险又危险。一旦落入陷坑，奋力施展也无法脱险（勿用）。“险且枕”，难于解读。枕，字面义为枕息、停息。遇到危险，聊且停息停息。帛书“险”作“訦”，此“枕”字通“訦”，即险而又险，亦通。

**六四：樽酒簋贰，用缶，纳约自牖，终无咎。**

正读：樽酒、两簋饭用瓦缶送上，表示饮食简约。自牖，于牖，在牖是说文王在牖受着简约的待遇，最终免遭灾祸。牖，牖里，亦作羑里。殷之中央监狱。指文王拘羑里之事。此爻写实，相信文王作爻辞，则此爻文王之自道也。如果文王作卦辞，周公作爻辞，此爻乃周公之补充。写实，只能理解为文王拘羑里事。

**九五：坎不盈，祇既平，无咎。**

正读：坎陷不满盈，即坎坑虽然还未填满，已经近乎平准了，必无危害。这是说面临的艰险近乎解除，没有危险了。这是相当好的境界啦！

**上六：系用徽纆，置于丛棘，三岁不得，凶。**

正读：用绳索捆绑，拘囚到监狱里，三年不得解脱，最终凶险。九五一爻，最好结果。到上六，过头了，还是凶险。依据《经典释文》，徽是三股麻绞成的绳，纆是两股麻绞成的绳。徽纆连文，统称绳索。“丛棘”指牢狱、监牢。三年，言其拘牢之长。九，数之终。超过九，还是言九。九死、九牛、九回之类。“齐桓公九合诸侯”，实则集合诸侯十五次也（衣裘之会十一次，兵车之会四次）。三，也指其多，并非实指。涉及数目往往不能确指，用“三”表多数、多次。清人扬州汪中有《释三九》，言之详也。

## 六十四卦之三十离卦

䷝ 离下离上

正读：坎为水，离为火，组成一偶对。六十四卦的顺序，排在第二十九卦（坎），第三十卦（离），归《周易》上经。

《大象传》曰：“大人以继明照于四方。”这里的“离”指“继明照于四方”的太阳。大人的美德也当普照四方。这是儒家理解的离卦的主旨。

离为火，红红火火，取义明亮。《说卦传》曰：“离也者，明也。”人生明亮之时，即人处辉煌，该如何面对？对读坎卦，遇到坎坑，该如何面对？一正一反，正相对应，相与补充。

**卦辞：离，利贞，亨；畜牝牛，吉。**

正读：人在辉煌之时，要守静谦虚（贞），有利，才会遇事亨通。如同畜养的母牛一般温驯柔顺，就吉祥。

**初九：履错然，敬之，无咎。**

正读：错，帛书《易经》作“昔”，通“踧踖”之“踖”（同声符），小心恭敬之态。即办事（履）要谨慎小心，要待之恭敬，无危害。反之，不得趾高气扬，不可以扬扬自得。俗话说，人在辉煌之时要“夹着尾巴做人”。

**六二：黄离，元吉。**

正读：黄，土色，五行居中，指中道、正道。坚守中道，必然辉煌。即从头至尾，坚守正道，大吉大利。

**九三：日昃之离，不鼓缶而歌，则大耋之嗟，凶。**

正读：日昃，夕阳西下，犹如人已步入老年，也得亮丽辉煌。击缶而歌，老有所乐也。“八十曰耋”，老年人不积极进取，必然哀叹，那就凶险了。

**九四：突如其来如，焚如，死如，弃如。**

正读：如，表状态之词，形容词词尾。古语文，早期用“如”“若”，后用“然”“貌”，当今用“……的样子”。是说，你在辉煌时，也可能突发灾祸，大难临头，火灾，死人，毁物，种种场景。遇事皆有变故，不可能有持续永久的辉煌。

**六五：出涕沱若，戚嗟若，吉。**

正读：流出的泪水滂沱不断，忧愁悲伤不断，必有吉祥。当你处在最辉煌时期（六五），还要与他人休戚与共，还得居安思危，不可得意忘形。忧惧之深，必有吉祥。

**上九：王用出征，用嘉，折首，获匪其丑，无咎。**

正读：君王出兵征战，嘉奖战士。斩杀敌人，俘获敌兵，没有危害。意思应该是，君子的辉煌来于君王的征伐嘉奖。不建功立业，治理国家，何来个人的辉煌！对大人（指君子、贵族）有勉励之义。

## 六十四卦之五十一震卦

䷲ 震下震上

正读：八卦顺次，乾一、兑二、离三、震四、巽五、坎六、艮七、坤八。这是伏羲八卦次序。

《易传》是儒家对易经的解读，安排的六十四卦顺序是，乾一、坤二、屯三、蒙四……既济六十三、未济六十四。突出了两两对偶，乾坤一对，坎离一对，震艮一对，巽兑一对。震、艮排在第五十一卦、第五十二卦，巽、兑排在第五十七卦、第五十八卦。

《说卦传》曰："震为雷。"雷，指自然界的电闪雷鸣，令人恐惧。易学家皆以"震惧"释之。就人世而言，当指社会动荡，令人恐惧不安。面对如此乱象，应该怎样面对呢！这当是主旨：震惧之后，当谨慎行事。

**卦辞：震，亨。震来虩虩，笑言哑哑；震惊百里，不丧匕鬯。**

正读：雷鸣电闪是自然现象，所以亨通。雷电初来让人恐惧，过后也就言笑不断了。就算雷电震惊百里，也不会丢失手中的匕鬯。暗示，该怎么样活，还得怎么活。虩虩，恐惧的样子。哑哑，象声词，笑声。匕鬯，手持之物。不丧匕鬯，不致惊慌失措，仍保持正常生活秩序。即：受点惊吓，也还得保持正定，不乱方寸。

**初九：震来虩虩，后笑言哑哑，吉。**

正读：电闪雷鸣，令人恐惧，过后言笑如常，震惧是福，吉祥。

**六二：震来，厉，亿丧贝；跻于九陵，勿逐，七日得。**

正读：惊雷动，有危难。估计要丢失财物，登高望远，想得开，不用找寻，七日之后，会失而复得。程传云：“卦位有六，七乃更始……然时过事已，则复其常。故云七日得。”亿（億），通“意”（同声符），想到、估计之义。

**六三：震苏苏，震行，无眚。**

正读：苏苏，惊恐之状，雷震令人恐惧，面对雷震而谨慎行事，也不会有过失。眚，过失，灾祸。

**九四：震遂泥。**

正读：由于雷震，不能面对而惊恐，如同堕入泥污之中不能自拔。

**六五：震往来，厉，亿无丧，有事。**

正读：雷震不断，有危难，想要避免损失，得做些安定人心之事。

**上六：震索索，视矍矍，征，凶。震不于其躬，于其邻，无咎，婚媾有言。**

正读：索索，如六三“苏苏”（惠栋说）。此言因惊惧而畏缩不前。矍矍，惊惶四顾状。雷震而畏缩不前，惊慌四顾，贸然行动（征），必有凶险。雷震不断，雷震不影响自身，影响到周边，无危害。远亲（婚媾）也许不明白（有言）。是说，雷震虽然不影响到自身，而远亲近邻未必能够正确面对，而不会有危害呢？

## 六十四卦之五十二艮卦

艮下艮上

正读：《说卦传》云，“艮为山”。山是基本象。遇山而止，山象征抑止。取引申的限止之义。金（景芳）老说：“孔子学易，极重人事。”中心是说，人办事得有节制，无奢望，当止则止。《象传》曰：“艮，君子以思不出其位。”“思不出其位”，不要想得太多，无奢望。讲得对。

**卦辞：艮，艮其背，不获其身；行其庭，不见其人，无咎。**

正读：限止于背部，背部而已，不要想到占据全身。行走在庭院里，走走而已，不必非要见到庭院之人不可。这样不会有害。

**初六：艮其趾，无咎，利永贞。**

正读：限止于脚趾，即迈步之前就有限止，不跨大步，不会有害。这样坚守正道（有节制），必有利。

**六二：艮其腓，不拯其随，其心不快。**

正读：腓，腿肚子。拯，举也，上举也。随，通“骽”（从俞樾说），大腿。快，楚简本作“悸”，惊悸。限止于小腿，就不会上升到大腿，这样有节制的话，心里就平静无惊。

**九三：艮其限，列其夤，厉，薰心。**

正读：限，界限。身体上下之际，指腰胯。程传曰：“夤，膂也。上下之际也，列绝其夤，则上下不相从属，言止于下之坚也。”列，同“裂”。列绝，则撕裂，撕断。夤，膂也，脊梁骨。薰心，迷乱心性。

限止于腰部，不加节制，再往上，则撕裂其脊梁，很危险，这是迷乱了心性啊！

**六四：艮其身，无咎。**

正读：身，上身，身体上部，限止于上身，不会受害。

**六五：艮其辅，言有序，悔亡。**

正读：辅，辅车相依之“辅”，面颊骨。指面颊，脸部。限止于脸部。脸部正常，显得说话有条理、有分寸，悔恨就消亡。

**上九：敦艮，吉。**

正读：敦，敦实，敦厚。讲究限止，注重节制，大吉大利。

## 六十四卦之五十七巽卦

巽下巽上

正读：巽卦、兑卦是一偶对两卦。巽为风，兑为泽，这是基本象。《杂卦传》：“兑见（现）而巽伏。”巽卦说隐伏，兑卦说显现。都是取大象的引申义。隐而不显，显而不隐，互为补充。即当隐则隐，当显则显。都是我们应该具备的品质，应该具有的本领。

**卦辞：巽，小，亨；利有攸往，利见大人。**

正读：隐伏的表现是顺从，有的易学家解释巽卦为“象征顺从”，《广雅》云：“巽，顺也。”顺从是隐伏的一种表象。小，微也。略显顺从，就会亨通。才有利于前往做事，也有利于出现圣人君子。

**初六：进，退，利，武人之贞。**

正读：隐伏则当进则进，当退则退。有利。要像军人那样坚定果断。理解为“进退迟疑”“懦弱犹豫”，似欠妥帖。

**九二：巽在床下，用史、巫纷若，吉，无咎。**

正读：隐伏要降低身份（在床下），像祝史、巫觋那样处处（纷若）谦恭，就会吉祥，没有祸患。

**九三：频巽，吝。**

正读：频，频复。隐伏，得适可而止，一味隐伏，会有祸患。

**六四：悔亡，田获三品。**

正读：悔恨消失，田猎（田）获得许多猎物（三品）。

**九五：贞，吉，悔亡，无不利；无初有终；先庚三日，后庚三日，吉。**

正读：位当九五，正位（贞），吉祥。悔恨消失，无有不利。开初不顺，最终通达。凡事，得前前后后反复考虑、谋划，吉祥。

“先庚三日，后庚三日”难解。程传云：“甲者，事之端也。庚者，变更之始也。十干戊己为中，过中则变，故谓之庚。事之改更，当原始有终，如先甲后甲之义。”

庚，疑读为“赓”，量度、筹划义（从廖名春说）。即从始至终，反复筹划，隐伏才带来吉祥。

**上九：巽在床下，丧其资斧；贞，凶。**

正读：隐伏谦卑过头，还是那老样子（在床下），丧失了谋生的资财，即使你本性刚硬（贞），还是凶险。

隐伏是一种手段而已，一味隐伏，不知进退，那也凶多吉少。

## 六十四卦之五十八兑卦

䷹ 兑下兑上

正读：肯定巽卦与兑卦为一对偶，巽讲隐伏，则兑讲显现，相反相成。所以“兑见（现）而巽伏”。“兑为泽”，这是大象，基本象。“为少女，为巫，为口舌……为妾，为羊”是引申之象。《序卦传》：“兑者，说（悦）也。”先民以羊大为美，羊为主膳食，令人喜悦。易学家多以“喜悦”为说。其实，“兑为泽”，泽于地上平展，必显无疑，还是引申之象。兑为喜悦，一家之言也。这是对兑卦主旨的理解有异。

**卦辞：兑，亨，利贞。**

正读：显现，亨通，利贞（正），守正则利。

**初九：和兑，吉。**

正读：和和美美地显现，吉祥。

**九二：孚兑，吉，悔亡。**

正读：以真诚的心显现，吉祥，悔恨必然消亡。

**六三：来兑，凶。**

正读：故意前来显现有凶险，指别有用心的表演。

**九四：商兑，未宁，介疾有喜。**

正读：商，思量，忖度之义。介，舍（捨），止息，舍弃之义。

有心想显现，又心绪不宁，去掉这个毛病，必有喜庆。

**九五：孚于剥，有厉。**

正读：显现而剥夺了诚信，必有危害。强调要真诚自然的显现。

**上六：引兑。**

正读：帛书《周易》“引”作“景”。《诗》云：“介尔景福”“以介景福”。郑玄笺：“景，大也。”《说文》云：“引，开弓也。”引，有拉长、扩大之义。大肆显现，过分显现。

上位本指过甚，不好。无判词。《小象传》补充曰：“未光也。”不是光明正大，必当受到指责。

《周易》八经卦，解读到此。下面展读六十四卦。

## 六十四卦之三屯卦

震下坎上

正读：金老说，研究《周易》，要重视程传。程传重视《序卦传》。《序卦传》说：“有天地万物生焉。盈天地之间者唯万物，故受之以屯。屯者盈也，屯者物之始生也。”

是说天地生万物，屯是物之始生。乾坤两卦之后，屯卦自然列第三。有道理。

接下来是蒙卦第四。屯卦倒过来就是蒙。屯蒙两卦的关系是相反的。乾坤二卦居首，天地相对。六十四卦各卦两两不反则对。故得从对偶关系，理解其义。这样来看排列序次，《序卦传》一读就懂了。

**卦辞：屯，元，亨，利，贞；勿用有攸往，利建侯。**

正读：《说文》云：“屯，难也。象草木之初生，屯然而难。从中贯一，一，地也。”中与屮乃转注造字（从汝舟先生说）。草创之初必然艰难。这是屯卦的本义。

万物初生（屯），元始，亨通，利好，正常（贞），不要急于求成。万事开头，先得推选个首领才好（利建侯）。

**初九：磐桓，利居贞，利建侯。**

正读：磐桓即徘徊。万物草创，一开始免不了徘徊不前。只要坚定守正，不动摇，选出一个好领头人（侯），必然利好。

**六二：屯如邅如，乘马班如，匪寇婚媾，女子贞不字，十年乃字。**

正读：万事开头难，难于前进。如同人们赶着马车慢慢走来，不是打劫，而是求婚的队伍。喻指是好兆头。又如同女子婚后不生育，多年之后还是生了孩子。喻指万物生长的艰难，创业的不易，最终定会成功。

**六三：即鹿无虞，惟入于林中，君子几，不如舍，往吝。**

正读：即鹿无虞，指打猎没有虞人引路，必将进入山林而出不来。君子看到危险（几），还不如不去，一定要去必遭困穷。《尔雅·释诂下》："几，危也。"（吴国源训为"危"）

**六四：乘马班如，求婚媾，往，吉，无不利。**

正读：别人赶着马车慢慢前来，要求与你结为姻亲。主动答应了亲事（往），吉祥，无有不利。是说艰难创业，要得到盟友姻亲的帮助。程传说："知己不足，求贤自辅而后往。"

**九五：屯其膏，小贞吉，大贞凶。**

正读：屯其膏，积蓄资财。即万事草创，要逐步增强力量。力量弱小时，保持正定，才有吉祥。如果已经取得强势，仍然保守原样，就有凶险。是说弱则镇定，强当猛进。

**上六：乘马班如，泣血涟如。**

正读：别人赶着马车慢慢前来（承前，求婚媾），不答应的话必然是悲痛哭泣，泣血涟涟。即草创阶段，不团结同心，得不到援助，后果不堪设想。

## 六十四卦之四蒙卦

坎下艮上

正读：山水蒙，上为艮（山），下为坎（水），重为蒙。屯为物之初生。蒙则指物之蒙昧，都有起始开发之义。《序卦传》云："物生必蒙，故受之以蒙。蒙者蒙也，物之稚也。"程传云："屯者物之始生，物始生稚小，蒙昧未发，蒙所以次屯也。"蒙者，指蒙卦；蒙也，指蒙昧。

物之初生艰难，物之蒙昧则需要启迪。从启迪这个角度来说，就是以教育开发蒙昧。金老说："蒙卦实际上是讲教育。"《序卦》侧重蒙昧，金老侧重启迪。

**卦辞：蒙，亨。匪我求童蒙，童蒙求我。初筮告，再三渎，渎则不告。利贞。**

正读：蒙昧，也能亨通。不是我求童蒙，而是童蒙求我给他施教。初次占筮，吉利。帛书《周易》"告"作"吉"。"告""吉"形近而讹。一而再，再而三占筮，则为亵渎，亵渎则不吉祥。心诚则利好。卦辞是讲治理蒙昧的方法，要"童蒙求我"，主动问学，尊师重道。还得专心诚意，不能三心二意，意志不坚。

**初六：发蒙，利用刑人。用说桎梏，以往，吝。**

正读：刑，模型。刑人，榜样，标准。桎梏，刑具，引申作约束人的纪律、规则。说，通"脱"。脱桎梏，丢了规矩。启迪蒙昧，要利用典型，有个榜样，有个标准。丢掉了纪律、规矩，去进行启蒙教育，必有后悔。

**九二：包蒙，吉。纳妇，吉；子克家。**

正读：包，郑玄笺："当作彪。彪，文也。"文蒙，指有文化的童蒙，有文化的人，吉利；娶个媳妇，也吉利；他也能治理好一个家庭、家族。

**六三：勿用取女，见金夫，不有躬，无攸利。**

正读：不要娶这样的女人，只认有钱的男子，不能守身。娶这种无教养的女人没有好处。意即启发蒙昧很重要。

**六四：困蒙，吝。**

正读：蒙昧又困穷，不好啊。

**六五：童蒙，吉。**

正读：童蒙，蒙童，幼童。幼童诚意求教，虚心向老师求学问，吉祥。与当今"教育得从幼儿抓起"一个意思。

**上九：击蒙，不利为寇，利御寇。**

正读：程传云："九居蒙之终，是当蒙极之时，人之愚蒙，既极……当击伐之。"击，敲击，敲打。有体罚之意。体罚要适度而已。金老说："上九是教人的，它在上则过躁，所以用击蒙的办法。"击蒙必须准确把握界限、分寸。所谓"为寇""御寇"就是这个意思，击蒙适度，上下同意，就是"御寇"。击蒙过度，上下不欲，就是为寇。

## 六十四卦之五需卦

䷄乾下坎上

正读：乾坤一对偶，屯蒙一对偶，需讼一对偶。需卦列第五，讼卦列第六。需讼二卦怎么对偶？需卦，乾下坎上；讼卦，坎下乾上，正相反对。这是从卦位说。需卦讲等待，讼卦讲争讼，打官司。细想，等待需要耐心，要平静。相反，无耐心，不平静，争讼必起。金老说：“办事情，该等待的一定要等待。操之过急，往往坏事。”

需字本身无等待义。《彖传》云：“需，须也。”同音相通，须字才有等待义。需（须）卦的中心讲的是等待，正定以待时。

**卦辞：需，有孚，光亨；贞，吉，利涉大川。**

正读：在等待中，要有诚心，光明正大必然亨通。正定不动摇，吉祥，就是横渡大河也会利好。

**初九：需于郊，利用恒，无咎。**

正读：在郊外等待，面对外族人要有恒心才有利，没有危害。《尔雅》：“邑外谓之郊。”古代乃族邦社会，邑外当指别的部族。

**九二：需于沙，小有言，终吉。**

正读：在沙滩上等待，别人会闲言碎语，不用管，最终吉祥。

**九三：需于泥，致寇至。**

正读：在泥泞中等待，导致劫匪乘机而来。是说自身陷入泥沼，尚未受害，只是招来强寇，处于危险的环境。

**六四：需于血，出自穴。**

正读：在水沟中等待，陷入了深坑，竭尽全力才挣脱出来。血，通“洫”。沟洫，沟渠。（从廖名春说）

**九五：需于酒食，贞，吉。**

正读：在有吃有喝的地方等待，坚守正定，吉祥。是说在优裕的环境中等待，一样得平静有耐心。

**上六：入于穴，有不速之客三人来，敬之，终吉。**

正读：自身陷于深坑，遇到几个陌生人（不速之客）过来，恭敬地对待他们，最终吉祥。金老说：“从需于郊，需于沙，需于泥，需于血，需于酒食看，从初九到上六，需卦是一个发展过程。不同的位有不同的性，决定应当怎么做。”他是说，《周易》就得这样读。

## 六十四卦之六讼卦

坎下乾上

正读：讼，小可以指争吵，大可以指打官司。主旨还是将如何面对争讼，不争讼为好。《序卦传》说：“饮食必有讼。”是说争讼与食物有关。上古社会生产力低下，所产甚少，民以食为天，必有争讼。这算是说到了本质。研究古代社会，与吃（食物）联系起来，很多问题就有了答案。

**卦辞：讼，有孚窒惕。中，吉。终凶。利见大人，不利涉大川。**

正读：讼，争讼，打官司，是诚信堵塞引起的。帛书《易经》“惕”作“宁”，窒、宁，皆有遏制、阻塞之义。窒、宁（惕）同义连文。

中，吉。坚守中道，不偏向一边，吉祥。争讼不止，把官司打到底，有凶险。争讼，有贤人君子（大人）出面调解才有利；一味争讼，想要渡过大河就不会顺利。喻指争讼不能达到个人目的。

**初六：不永所事，小有言，终吉。**

正读：永，长也。不能长久地争讼下去，争讼会受到些小小的指责，最终也吉祥。《小象传》：“讼不可长也。”虽“小有言”，其辨明也。最终明辨是非，也讲得对。

**九二：不克讼，归而逋，其邑人三百户，无眚。**

正读：争讼不胜，即打官司失利。归而逋，《象传》释为“归逋窜也”，窜逃回归。廖名春引《说文》：“籀文逋从捕。”归而捕，逃回封邑，被邑人所抓捕。故邑人三百户，不受牵连，无灾祸。

**六三：食旧德，贞，厉；终吉，或从王事，无成。**

正读：与人争讼，有损原本的德行。继续争讼不改（贞），就有危害（厉）。要想最终吉祥，要跟随天子做事，即使无大功可言。明确反对争讼。

**九四：不克讼，复即命，渝，安贞，吉。**

正读：官司不利，回来（复），就听从他人的劝说（即命），改变态度（渝），平静不争（对读需卦），也会吉祥。

**九五：讼，元吉。**

正读：元吉，大吉。金老说：九五以中正居位，是治讼的，即卦辞所谓“利见大人”之大人。它处中得正，所以听讼能公正裁决，平息乖争，而达到元吉。对应卦辞，九五爻辞得以解读。

**上九：或锡之鞶带，终朝三褫之。**

正读：锡，赐也。因争讼获胜而君王赏赐华贵衣物，最终也会在一日之内多次被剥下身来。《小象传》云：“以讼受服，亦不足敬也。”争讼不值得尊敬。坚决反对争讼，态度明确。

## 六十四卦之七师卦

䷆坎下坤上

**卦辞：师，贞，丈人，吉，无咎。**

正读：师卦讲如何治军。师，众也，指师旅，军队。贞，正也。丈人，指有德望的长者。动用军队要符合正义之道，要有德高望重的长者统率，才吉祥，没有危害。

治理军队就这两条：一是出师要正义，二是有个好统帅。

**初六：师出以律，否臧凶。**

正读：军队出动要强调纪律。否臧，不臧。帛书《易经》“否”作“不”。无纪律的军队是乌合之众，必然凶险。

**九二：在师中，吉，无咎；王三锡命。**

正读：在师，师在，还是指师。如同《逸周书·大开武》：“在周，其维天命。”在周，倒语，周的存在，确认而已，否则不知所云。中，中心。九二居下卦的中位，居于中心，当指师的首领。军队有个好统帅，吉祥，没有危害。君王还多次赏赐提拔。

**六三：师或舆尸，凶。**

正读：舆尸，尸体在车上。军队出征打仗，有时候伤亡很多，那是凶险啊！是说，贸然进攻，必然战败。

**六四：师左次，无咎。**

正读：左，东位，即主方、我方。次，停下来。即军队退回暂住，避其精锐，没有危害。是说，治军要懂得有进有退。

**六五：田有禽，利执。言，无咎。长子帅师，弟子舆尸，贞凶。**

正读：打猎遇到禽兽，利于捕获，没有危害。“言”字不好讲。王引之说可以当虚词用。这是训诂学家常例，讲不通就视为虚词。依卦辞、六二文例“吉，无咎”，疑是“吉”字之讹。捕获禽兽，吉祥。

长子弟子，能者愚者之喻，有德无德之喻。军队应当由能者有德者做统帅，愚者无德者主其事必败。贞，定，指固守成规无变化，那就凶险。

**上六：大君有命，开国承家，小人勿用。**

正读：出师归来，君王要论功行赏。开国，指封为诸侯；承家，指封为卿大夫。小人则不能重用，即不封为诸侯、大夫。《小象传》：“小人勿用，必乱邦也。”用小人，必乱邦国。

上六是说，治军要赏罚分明，论功行赏。

## 六十四卦之八比卦

䷇ 坤下坎上

正读：前师卦，坎下坤上；此比卦，坤下坎上，从卦位说正相反对。《序卦传》云：“众（师）必有所比，故受之以比。”程传说：“比，兼辅也。人之类必相亲辅，然后能安。故既有众则必有所比。比所以次师也。”师卦、比卦的顺序也就明白了。中心是讲团结，亲密无间。

**卦辞：比，吉。原筮元永贞，无咎。不宁方来，后夫凶。**

正读：亲密友爱，吉祥。原筮，前有“吉”，所以再筮，审慎义。元，永，贞，又善又永又正，无危害。不宁方，不安顺的诸侯。不安顺的诸侯都来亲比，说明天下咸服，后来的外邦就凶险了。

**初六：有孚，比之，无咎。有孚盈缶，终来有它，吉。**

正读：有诚信的亲密团结，无危害。盈缶，犹如有物充实于缶中（金老说）。缶、饱声韵皆同，同音相通。盈缶，盈饱，同义连文。两者皆可解读。诚信满满，会带来意想不到的吉祥。

**六二：比之自内，贞，吉。**

正读：来自内部的亲密友爱，堂堂正正，吉祥。

**六三：比之匪人。**

正读：与不正当之人亲比，必有伤害。《小象传》补充曰："不亦伤乎。"

**六四：外比之，贞，吉。**

正读：六二"比之自内"，内部亲比。外比之，与他人亲比，对外也讲团结友爱。也是堂堂正正，同样吉祥。

**九五：显比。王用三驱，失前禽，邑人不诫，吉。**

正读：九五正位，光明正大地亲比天下之人，如同君王田猎，三面驱围。网开一面，放生让其逃匿（失前禽）。围猎的邑人也不守戒（诫），任凭禽兽逃失，吉祥。体现天子好生之德，以亲比于人，不归附者皆任其去之。是说，亲比也得顺乎自然，不可强求。

**上六：比之无首，凶。**

正读：亲密友爱，无原则，有凶险。上爻指过甚，无首即过甚。强调有原则有核心，才能团结得坚强有力。亲密得讲原则（首），无原则的亲密，亲密过分，也凶险。

## 六十四卦之九小畜卦

䷈ 乾下巽上

正读：畜，通"蓄"，积蓄义。小畜，小有积蓄。农耕社会，生存之余，小有积蓄，已经不错。比较二十六卦之大畜，此为略有积蓄之义。其中心是说：面对小有积蓄，要知足为是，不可奢望太大。

**卦辞：小畜，亨。密云不雨，自我西郊。**

正读：小有积蓄，亨通。阴阳二气相交，则有云雨。阳气成云，阴气成雨，乃自然之理。小畜卦只有六四爻为阴爻，足见阴气不足，难以成雨。这是从爻位说释读“密云不雨”。文字意思，云气从西往东，尽管浓云密布，还是无雨天气。还是说的小有积蓄，要正确面对，不急不躁。

**初九：复自道，何其咎？吉。**

正读：从原路返回，还有什么危害呢？只有吉祥。是说，要正确面对小有积蓄，知足为乐。

**九二：牵复，吉。**

正读：带着众人从原路返回，吉祥。安于小有积蓄的现状，不要奢求一夜暴富。

**九三：舆说辐，夫妻反目。**

正读：说，通“脱”。走到半路，车子的辐条从车轮中脱落，因而夫妻反目，家庭陷入矛盾。意即，一心快速致富，结果车子弄坏，达不到目的，也夫妻失和。这是不能面对小有积蓄的必然结果。

**六四：有孚，血去惕出，无咎。**

正读：有诚信，彼此信任，丢掉忧患意识与戒备之心，也无危害。血，通“恤”，忧伤义。惕，戒备。血去与惕出，对文。即去忧患，除戒备。既不患得患失，也得时时提醒自己，不怀奢望，不做发财梦。

**九五：有孚挛如，富以其邻。**

正读：挛，牵连。如，然，……的样子。挛如，牵系的样子。一贯保持着真诚心性，帮助近邻共同富有。《小象传》云：“不独富也。”九五正位，这是最好的结果。

**上九：既雨既处，尚德载。妇贞厉，月几望。君子征凶。**

正读：既，已也。雨已经下过，雨也已经停过。天气正常了，庄稼还得继续收割运载。德，帛书《易经》作“得”。妇人固守不为（贞），则有危害。接前九三，“夫妻反目”为说。十五为望，月亮近乎满圆。意思是月盈必亏，暗示君子不得一味求富（征），否则凶险。肯定小有积蓄为好。

师卦、比卦对读可以明白：两两偶对不是刻意对立，更不是相互矛盾，不能理解为＂斗争哲学＂；彼此相依相存，互为补充，有如天地。

## 六十四卦之十履卦

䷉ 兑下乾上

正读：程传云：“夫物之聚则有小大之别，高下之等，美丑之分，是物畜然后有礼。履所以继畜也。履，礼也。”履，名词指鞋，《说文》云：“足所依也。”汉字多名动同辞。履，作动词是踩踏义，指行进、行走。行进要遵循一定的路线，要有行进的规则。这个规则就是礼（履）。《说文》又云：“礼，履也。”上古音同义近。程传以互训（履，礼也）解读。

履卦的中心就是讲礼。程颐指出，礼分大小、高下、美恶。无规矩，社会无序必然混乱。孔子曰：“不学礼，无以立。”不懂规矩，你就无法立身。

**卦辞：履，履虎尾，不咥人，亨。**

正读：在老虎后面走，老虎不咬你，亨通。咥，咬。是说人生在世要讲礼。你有礼貌，再恶的人也不会伤害你，你也顺达。

**初九：素履，往，无咎。**

正读：素，无纹饰。素履，朴素之礼，本真的敬意，不是装模作样的假恭敬。这样前行无危害。

**九二：履道坦坦，幽人贞吉。**

正读：道路坦荡任你行，但得要幽静安恬才有吉祥。与初九“素履”（无纹饰）对读，明示也不得喧闹，不讲规矩。

**六三：眇能视，跛能履，履虎尾，咥人，凶。武人为于大君。**

正读：眇，有眼病，独眼、瞎眼之类。是说明明看不清，他偏要想看个清楚；明明行走不便（跛），他偏要想在路上行走。强不可为而为之。这就等于有意走在老虎后面，恶人会伤害你，凶险。相反，不是眇者、跛者，而是勇武之人，为君王为国家出力，敢于履危蹈险，还是应该的，也是可取的。

**九四：履虎尾，愬愬，终吉。**

正读：愬愬，恐惧。心怀恐惧而小心谨慎，即使走在老虎后面，最终还是吉祥。什么吉祥？《小象传》补充："愬愬终吉，志行也。"即上进之志得以实现。

**九五：夬履，贞，厉。**

正读：夬，本字读guài，通"决"。同声符相通。指决断、果断。果断行走，坚定前行（贞），有危害。对读九四，指不够小心谨慎，贸然行事。

另一种解读，夬，通"决"，决裂之决。夬履，指穿着破鞋子行走，还是说贸然行事，应该谨慎小心为好。

**上九：视履考祥，其旋元吉。**

正读：祥，指吉凶二面。旋，周旋完备。看一看你走过的路，察看你的吉凶祸福，你的完美表现，值得隆重庆贺。

此爻总结全卦，考察你在礼仪方面的表现完美，值得大庆。

## 六十四卦之十一泰卦

䷊ 乾下坤上

正读：乾坤喻指天地，天在上，地在下。现在交换一个位置，天在下，地在上，彼此换位，意味阴阳交合，万事通泰。中心很明确，彼此交流才有通泰。

**卦辞：泰，小往大来，吉，亨。**

正读：从爻位说，小指阴爻，大指阳爻。从卦位说，小指单坤卦，大指单乾卦。往，向上走；来，向下行。三阴爻的坤卦向上走，三阳爻的乾卦向下行。天地彼此换位交流，吉祥，亨通。这样交流就会通泰，通顺，通达。

泰卦三阴爻三阳爻，指三阳生，象征阴历子正三月。故有“三羊（阳）开泰”一说。羊、阳同音，羊亦美好。

**初九：拔茅茹，以其汇，征，吉。**

正读：程传云：“君子之行，必有其朋类相牵援，如茅之根然，拔其一则牵连而起来矣。茹，根之相牵连者，故以为象。”汇，类也。君子之进，不会独来独往，要与志同道合者一同并行。坤卦三阴爻一起上走，乾卦三阳爻一同下行，也是这个意思。

**九二：包荒，用冯河，不遐遗，朋亡，得尚于中行。**

正读：《诗经·公刘》：“豳居允荒。”毛传：“荒，大也。”包荒，大度包容。冯河，“暴虎冯河”，指一往无前的果断精神。遐，远。不遐遗，不遗漏遐远，指考虑得长远、有远见。朋亡，不结朋党。得尚于中行，能行进在大道上（中行），得到尚好的结果。

九二是说君子当大度包容，勇敢果断，有远见，不结党。做到这四点，就如同行进在大道上，会取得最好的成功。

**九三：无平不陂，无往不复。艰，贞，无咎。勿恤其孚，于食有福。**

正读：既有平地，又有陡坡，这里反说“无平不陂”意思一样。遇事，有往有来，“无往不复”还是反说。真是妙笔生花。事物皆有变化，坚守不变（贞），就行事艰难。勿恤其孚，不要丢掉诚信，有诚信就会衣食无忧，有福可享。

**六四：翩翩，不富以其邻。不戒，以孚。**

正读：翩翩起舞，上下舞动。这里指不断交往，帮助了近邻、友邻而不富，也是做好事。因有诚信（孚），坚持初心不改（戒）。

**六五：帝乙归妹以祉，元，吉。**

正读：帝乙（纣王之父），下嫁少女给文王，给周民族带来福祉，大吉大利。从史实看，商王文丁（帝乙之父）杀了季历（文王之父），殷商与周已经交恶，因帝乙归妹，而重拾友好，含有“否极泰来”之义。指事物转化，才有通达。

**上六：城复于隍，勿用师，自邑告命，贞吝。**

正读：隍，城壕，壕沟。城墙倾覆在壕沟里，不祥之兆。君王从都邑发布命令，不得兴师动众。坚持不听（贞），会有危害（吝）。这是讲通达过甚，事物有了转化，以城墙倾坍为喻，泰已不泰矣。

十二辟卦图

## 六十四卦之十二否卦

坤下乾上

正读：泰否是一对偶卦。否泰若天地。卦位坤下乾上，与泰卦相反。泰讲通达，否讲闭塞，义相反对。《序卦传》云："泰者通也，物不可以终通，故受之以否。"这是否卦放泰卦之后的缘由。程传云："天处上，地处下，是天地隔绝，不相交通，所以为否也。"

**卦辞：否之匪人，不利君子。贞。大往小来。**

正读：人是群居群处，必有交流。闭塞不通，不合人世之道。不利于君子之正定正行。大的去了，小的来了。如《象传》所说：“内小人而外君子，小人道长，君子道消也。”闭塞不通之世，小人得意忘形，君子有志难伸。

**初六：拔茅茹，以其汇，贞，吉，亨。**

正读：泰卦初六“征吉”指动则吉，前进则吉。此否卦相反，“贞吉”，固守正定，不动不进则吉。闭塞不通，利小人不利君子。小人否而能进（征），君子否而当固守（贞）。

**六二：包承，小人吉，大人否亨。**

正读：包指包容、宽容。包荒（大），包容而宽厚。包承，包容而承受、忍耐。包羞，包容而有耻。同样包容，结局不同。此爻说，闭塞之世，君子包容忍受，而小人吉利，大人就不通达了。此爻的否通“不”。否亨，不顺畅，不亨通。

**六三：包羞。**

正读：闭塞之世，因包容而羞耻，指小人得志，君子因包容而受到羞耻。

**九四：有命无咎。畴离祉。**

正读：有命之命，指天命，天之道，即自然规律。身处闭塞之世，懂得自然规律，知天命，则无危害。畴离祉，畴，同类，指众人。离，丽也，附丽，依附。众人要彼此相依，才会得到福祉。

**九五：休否，大人吉。其亡其亡，系于苞桑。**

正读：休否，闭塞休止。除去闭塞，君子得以吉祥。其亡其亡，只有深虑远戒，有危亡意识，反而不亡。如同系于苞桑之物，还是稳当不会堕落的。

**上九：倾否，先否后喜。**

正读：否发展到终极，就倾。《小象传》云："否终则倾，何可长也。"没有永久的泰，也没有永久的否。先极否，后倾喜。改变了闭塞局面，先忧后喜。金老说：说"倾否"不说"否倾"，表明人力很重要。——这些地方要仔细体会啊！

## 六十四卦之十三同人卦

离下乾上

正读：前是泰、否一对偶，接着同人、大有一对偶。同人，离下乾上；大有，乾下离上，正相反对。《序卦传》云："物不可以终否，故受之以同人。"否是天下不交，同人是天下交。同人，与人同，与人相同。找到共同点就结为朋友，朋友越多越好。同人卦的中心是：广交朋友，事事通达。

**卦辞：同人，同人于野，亨，利涉大川，利君子贞。**

正读：野，言其远。与远方之人结为朋友，亨通，有利于渡过大河急流，有利于君子坚守正道。

**初九：同人于门，无咎。**

正读：一出门就找到朋友，无危害。

**六二：同人于宗，吝。**

正读：只在同宗人中交朋友，圈子太小会有麻烦（吝）。

**九三：伏戎于莽，升其高陵，三岁不兴。**

正读：把军队（戎）埋伏在草莽密林之中，敌人强势不必强攻，只要升到高坡上，时时观察敌情，多年也不会兴兵打仗。

敌强我弱，不得贸然行动，谨慎从事，战乱不兴。

**九四：乘其墉，弗克攻，吉。**

正读：墉，墙，城墙。登上对方城墙，又停下来，不进攻了。

九三说，敌强我弱，只能埋伏保存自己。九四正相反，敌弱我强，“乘其墉欲攻之，知义不直而不克也。苟能自知义之不直而不攻，则吉也”。这是程传的解读，比较切合。

三、四两爻还是同人卦之爻，初九、六二讲心志相同者结为朋友，九三、九四讲面对心志不同的人，指对手，反方。对手强大（九三），则坚守不出；对手弱小（九四），则不可恃强凌弱，反思义理，放弃强攻，回到正确的原则，才吉利。

前两爻讲同人之“同”，三、四爻讲同人之“异”，有同有异，这样就全面了。

**九五：同人，先号咷而后笑。大师克相遇。**

正读：广交朋友之时，往往遇到对手，所以“先号咷”，最终会遇到志同道合者，所以“后笑”。只有贤人君子（大师）才能遇到真正的志同道合者，贤人君子才能广交朋友。

**上九：同人于郊，无悔。**

正读：金老说，郊在邑之外，野之内，远于邑而近于野。在这个范围内广交朋友，比较适度。虽不算圆满，也无悔恨。“同人于野”最好，范围广大；“同人于郊”范围小了些，也好；“同人于门”又次之，但比“同人于宗”为好。不同为异，遇到了对手，心志相反，不能交，那就不如“同人于宗”了。是说，广交朋友也得有个限度，不致宽泛无边，遇上心志不合者则不能交。不在地域的远近，而在有相同的志向。

## 六十四卦之十四大有卦

乾下离上

正读：同人（离下乾上）倒过来就是大有，这叫“反”。同人、大有构成一对偶。这一对偶卦中，只有“离中虚”一阴爻，其余为五阳爻。同人卦阴爻在六二，大有卦阴爻在六五，一下一上。爻位说者借此大加发挥。《周易折中》引项安世说：“一阴在下，势不足以有众，能推所有以同乎人者也，故名曰同人。一阴在上，人同乎我，为我所有者，故名曰大有。”这种以卦位、爻位解读《易经》之法，几乎成了读易之正宗法门。令人目眩，但不得不知。

此卦的中心，易学家多以上九“自天祐之”为说，即得到多方面祐助，便会“大有”。大有，指丰收，农事上的好收成。讲如何面对丰收。

**卦辞：大有，元亨。**

正读：丰收了，大为通顺、处处通顺。《象传》云：“君子以遏恶扬善，顺天休命。”是说，面对丰收有人会起邪念，偷抢粮食，君子要“遏恶”；也有人还在挨饿吃不饱，君子要“扬善”，施舍些粮食给饥民。民以食为天，凡事得从生存上去思考。这是孔子及儒家学者的解读。

**初九：无交害，匪咎，艰则无咎。**

正读：讲庄稼已经种下，不去拨弄它（交），不去伤害它（害），不是过错。静待（艰）它的茁壮成长，也无过错。

**九二：大车以载，有攸往，无咎。**

正读：粮食丰收用车载，运回主人农场去，没有过错。

**九三：公用亨于天子，小人弗克。**

正读：亨，通“享”。主人（公）用丰收的粮食供奉君王享用，可是小民百姓不能得吃。

**九四：匪其彭，无咎。**

正读：彭，鼓声，指吵闹、抗议之声。不要吵闹，不要愤怒不满，也就没有过错。这是指小民要闹事，主人出来劝阻。

**六五：厥孚交如，威如，吉。**

正读：厥，其，他的。交，俱，遍。如，……的样子。他的诚信满满，他的威仪严严，吉利。主人（九三的“公”）这样对待小民，不致闹事了。

**上九：自天祐之，吉无不利。**

正读：丰收（大有）是上天祐助，吉祥，没有不利。古代先民这样认识，不足为怪。只要心诚，上天会祐助。心诚则灵是也。

## 六十四卦之十五谦卦

艮下坤上

正读：谦卦与豫卦是一对偶卦。两卦卦体方向相反，卦义也相反。谦为谦虚，豫为谦之反，当为自满、自大。中心明确，理解就不困难。《序卦传》云：“有大者不可以盈，故受之以谦。”大有卦之后是谦卦，道理在此。

**卦辞：谦，亨，君子有终。**

正读：艮为山，坤为地。地山谦，取名“地山”者多。寓意谦谦君子，遇事吉祥。谦卦六爻都是吉言，足见谦虚、谦恭、谦和之人做事必然顺利。什么是谦？程传云：“有其德而不居谓之谦……自卑而人益尊之，自晦而德益光显。此所谓君子有终也。”自卑，放下你的身段，不好居人上，别人更加尊敬你；自晦，不显示你的聪明，你的品行更显得光鲜。

**初六：谦谦君子，用涉大川，吉。**

正读：初六第一爻，最下，显示了谦；六是阴爻，柔顺，还是谦。朱熹说："以柔处下，谦之至也。"君子谦恭又谦恭，用以渡过大河急流也会吉祥。

**六二：鸣谦，贞吉。**

正读：鸣谦，言谈举止表现出谦恭，而又持之以恒（贞），必然吉祥。

**九三：劳谦君子，有终吉。**

正读：劳谦，有功劳而又能保持谦恭。程传云："有功劳而持谦德者也，故曰劳谦。古之人有当之者周公是也。"《象传》云："劳谦君子，万民服也。"这样的君子，为万民尊敬、佩服。

**六四：无不利，㧑谦。**

正读：㧑，挥。发扬谦德，无所不利。即无事不利，无处不利。《象传》云："无不利，㧑谦。不违则也。"是说发挥谦德，有个限度，不宜过分。

**六五：不富以其邻，利用侵伐，无不利。**

正读：援助近邻而不致富，得到人心。《象传》云："利用侵伐，征不服也。"用武力讨伐不肯归附的外邦，无所不利。恩威并重，治理天下。不富以其邻，指恩；利用侵伐，指威。

**上六：鸣谦，利用行师，征邑国。**

正读：程传云："见于声音颜色，故曰'鸣谦'。"可参考。谈吐谦恭之人，可用以带兵打仗，征伐不肯顺从的邦邑。不难看出，谦卦、豫卦的中心如《尚书》言："满招损，谦受益。"

## 六十四卦之十六豫卦

䷏ 坤下震上

正读：《说文·象部》云："豫，象之大者。"段注："引申之，凡大皆称豫。"谦，指谦恭、谦虚，豫相反，多指自大，也指本事大。整卦讲如何治理自大这个毛病。

**卦辞：豫，利建侯，行师。**

正读：豫，训大，也可指本事大、能力强。有利于建功立业，带兵出征。《彖传》补充云："天地以顺动，故日月不过，四时不忒。圣人以顺动，则刑罚清而民服。豫之时义大矣哉。"顺动，指依照规律来动，日月、四季绝不反常。天地人世都一样。"时义"，强调"义"，依正义而行，你本事再大也不得胡作非为。

**初六：鸣豫，凶。**

正读：鸣谦好，鸣豫不好。鸣豫，如同"吹牛皮""牛哄哄"，自吹自擂，当然凶险。

**六二：介于石，不终日，贞吉。**

正读：介于石，介如石，坚硬如山石。喻指为人强悍孤傲，难于亲近。六二的豫如山石，太过坚硬，不可持久（终日），要改变，还是要回到不强硬的正常本性，才有吉祥。

**六三：盱豫，悔；迟，有悔。**

正读：盱，亦作旴，太阳初升。胡炳文说："二中而得正，三阴不中正，故盱豫与介石相反，迟与不终相反，中正与不中正故也。"依此，盱豫与介石相反，介石太过坚硬，则盱豫指过分软弱，如初升之日，表面光鲜而已。指没有真本领的自大。迟有悔，迟又悔。如果延迟不改，还是后悔莫及。

**九四：由豫，大有得，勿疑，朋盍簪。**

正读：由于本事大，得以大行其志，实现远大理想，这是毫无疑问的，朋友们都来聚会庆贺。盍，合。簪，聚也。簪以聚发也。盍簪，连文同义。

**六五：贞疾，恒不死。**

正读：纠正自大的毛病（疾），永远立于不败之地。

**上六：冥豫，成，有渝，无咎。**

正读：冥，昏暗不明。冥豫与初六鸣豫不同，指有本事不显露，可以成事。要改变一下，也无危害。

易学家多以豫卦之豫为愉快欢乐，此一说也。豫有大义，有本事为大（九四），过之则为自大（鸣豫），也指装模作样的自大（盱豫），有不显露本事的豫（冥豫），也有坚硬如山石的豫（六二）。真本事的豫，吉祥；吹牛的豫，凶险。

## 六十四卦之十七随卦

䷐ 震下兑上

正读：随卦与蛊卦是一对偶。卦画全倒过来，就是蛊卦。随，跟随，顺从，是好，不乱。蛊是坏，蛊之时，是乱世。正相反对。

**卦辞：随，元亨，利贞，无咎。**

正读：随象征随从、随和，随从便能始终亨通，坚守正道没有危害。

**初九：官有渝，贞吉，出门交有功。**

正读：地位（官）有变化，只要坚守正道（贞），就会吉祥。出门交朋友也一定成功。《大象传》补充："不失也。"不失正道之义。

**六二：系小子，失丈夫。**

正读：系，联属关系，还有随从之义。跟随小人，则失去君子。《大象传》补充："弗兼与也。"二者相互排斥，不可兼得，与六三对读，便见分明。

**六三：系丈夫，失小子。随有求得，利居贞。**

正读：跟随君子，则摆脱了小人。这样行事，有求必得。利于安居乐业，坚守正道。

**九四：随有获，贞凶。有孚在道，以明，何咎？**

正读：人随我，我随人，如果以获利为目的，一心为此不改（贞），则凶险。如果心有诚信，光明磊落地行走在大道上，有什么过失？

**九五：孚于嘉，吉。**

正读：九五居君位，都能跟随它。心怀诚意跟随君子，会受到鼓励与赞美，必有吉祥。

**上六：拘系之，乃从维之，王用亨于西山。**

正读：上六写实。指文王被纣王“系而拘之”，遭捆绑遭拘禁。乃从维之，楚简本作“纵乃㦟之”。纵（从），释放了。㦟，二心，怀二心。文王释放后，对纣王心怀背离之心，在西山誓师（亨，享），反抗商朝。

全卦意思明白，要跟随正人君子（丈夫）办事，要有诚信，绝不能跟随小人。

## 六十四卦之十八蛊卦

䷑ 巽下艮上

正读：把随卦卦画完全倒过来，就是蛊卦。随卦为好，蛊卦反之为坏。皿虫为蛊，蛊是一个会意字。蛊，指坏事。大到乱世，小为弊端。其中心不言自明：纠正前辈留下的弊端。《象传》云："巽而止，蛊。"是从卦象说，下是巽卦，上是艮卦。巽为顺，艮为止。上下不相通，所以叫蛊。

**卦辞：蛊，元亨，利涉大川，先甲三日，后甲三日。**

正读：《彖传》云："蛊元亨而天下治也。"有乱则得治。治理弊端，一开始就能亨通。甲，为十干之始。先甲，先于此；后甲，后于此。指前前后后考虑多天，考虑成熟，才着手治弊，拨乱反正，所以"元亨"，所以"利涉大川"。

**初六：干父之蛊，有子，考无咎，厉终吉。**

正读：干，盾牌，有冒犯、干预义。干……蛊，即治理弊端。考，指父亲。治理父辈留下的乱麻团，才是好儿郎。《象传》补充云："意承考也。"意思是承继了父亲的事业。治理过程中会有危险，终归得到吉祥。

**九二：干母之蛊，不可贞。**

正读：治理母辈留下的弊端，不可硬性，刚柔适中才好。《象传》云："干母之蛊，得中道也。"与"干父之蛊"不同，要讲究方法，不可偏颇，不得急躁。

**九三：干父之蛊，小有悔，无大咎。**

正读：治弊有刚柔两手，"过刚则不中，故有小悔"。强硬治理，稍有悔恨，终无大的过失。

**六四：裕父之蛊，往，见，吝。**

正读：裕，宽裕。不能干父之蛊，反而增益其蛊，这样搞下去过失就明显了。见，读现。

**六五：干父之蛊，用誉。**

正读：纠正了父辈的弊端，得到赞誉。用，因而。《象传》云：“干父用誉，承以德也。”强调继承父辈的美德。

**上九：不事王侯，高尚其事。**

正读：不侍奉王侯，把治理弊端作为自己高尚的事业。侍奉王侯是建功立业，治理弊端是高尚行为，也值得肯定、值得效法，《象传》云：“不事王侯，志可则也。”治弊这种志向，也是人们学习的榜样。

## 六十四卦之十九临卦

䷒兑下坤上

正读：临卦与观卦是一对偶。卦画颠倒过来，坤下巽上，就是观卦。程传云：“临者，临民临事。在卦取自上临下，临民之义。”临，自上临下，观则相反，自下观上，仰视之义。取义相反。

**卦辞：临，元亨利贞。至于八月有凶。**

正读：临，上临下，有监临之义，指君王治民，要查看黎民百姓的动静。金文的临，像人居高俯视下民。临，有靠近、靠拢之义。君临天下发号施令，所以元亨利贞。京房十二辟卦（见泰卦附图），自复至遯凡八月，建子（复）至

建未（遯），二阴长而阳消失。遯是天山遯，二阴生，临卦二阳生。遯卦卦画与临卦全相反对，故八月有凶险。这是卦象说。

**初九：咸临，贞，吉。**

正读：咸临，咸即古感字，旧说“感临”。感应，称作感临。即下民感知君临天下，所以“贞，吉”。帛书《易经》“咸”作“禁”。禁，法也。禁、咸音义相通（张立文说），咸临即禁临。以法则、法令管理下民，所以“贞，吉”。坚定执行法令，则有吉祥。

**九二：咸临，吉，无不利。**

正读：还是肯定咸临。自上而下的监督管理，只有好处，无有不利。

**六三：甘临，无攸利；既忧之，无咎。**

正读：甘，与“苦”相反，甜。兑下坤上，兑为口舌，以口舌临人，叫甘临。程传说：“在上而以甘说临人，失德之甚，无所利也。……既知畏惧而忧之，若能操谦守正，至诚以自处，则无咎也。”以花言巧语对待下民，失德之甚。讲得恰到好处。

**六四：至临，无咎。**

正读：六四与初九正应，阴爻居阴位，故曰至临。下卦初爻（初九），上卦初爻（六四），正应。六四为阴爻，位相当。这是爻位说，解读“至临”。释至为善，以善临民，又是一说。至临，至从本义讲，极至之至。走到身边，靠近下民，对照“甘临”，似乎确切。

**六五：知临，大君之宜，吉。**

正读：以智临民，开启民智以管理下民。这是君主治民的适宜之道，才得吉祥。六五正位，肯定智临。

**上六：敦临，吉，无咎。**

正读：敦厚临民，必有吉祥，无危害。温柔敦厚地实施管理，也是好办法。

比较咸临（禁临）、甘临、至临、知（智）临、敦临，都是监管下民的种种手段，优劣立显。

## 六十四卦之二十观卦

坤下巽上

正读：观卦与临卦，卦象相反，临卦坤在上，兑在下，巽倒过来就是兑。坤是地，巽为风。《象传》云：“风行地上，观。”取义也相反。临，有上临下，君临天下；观，指仰观以下视上，敬仰之义。所以易学家说：“象征瞻仰。”

**卦辞：观，盥而不荐，有孚颙若。**

正读：盥，盥礼，指祭祀开始以酒浇地的隆重降神仪式。荐，荐礼，向神灵敬献飨物之礼。观仰了祭祀礼仪的盥礼就不必非要观仰荐礼了，心中已经充满了崇敬之情。颙，

《诗经·卷阿》："颙颙卬卬。"《集传》："尊严也。"颙若，崇敬的样子。有了文王的卦辞"盥而不荐"，所以《论语》有："子曰：禘自既灌而往者，吾不欲观之矣。"孔子也强调诚信崇敬的心态更重要。祭祀之礼，初盥降神最为隆重。故有此说。

**初六：童观，小人无咎，君子吝。**

正读：童观，幼童视物，必东张西望不专注，无知小民这样观仰也不会有危害。君子如此，则有过失了。

**六二：闚观，利女贞。**

正读：闚，门缝中窥视。暗中观仰，利于女子保持正道，固守其节。《象传》云："闚观，女真，亦可丑也。"是说大男人这样闚观就丢丑了。

**六三：观我生，进退。**

正读：从六四"观国之光"上九"观其生"比较，当指我同姓宗族，不是个人的"我"。生，通"姓"，同姓家族（臧守虎说）。观仰我宗族内部，决定我们的行为，该进则进，该退则退。

**六四：观国之光，利用宾于王。**

正读：光，光亮、光辉，指成功的方面。观仰一个国家的文治武功，做君王的辅佐大臣才有利于发挥才能。程传云："古者有贤德之人，则人君宾礼之。故士之仕进于王朝，则谓之宾。"

**九五：观我生，君子无咎。**

正读：观仰我宗族里里外外，以资借鉴，贤德君子不会有过错。

**上九：观其生，君子无咎。**

正读：观仰其他宗族的里里外外，可资借鉴，贤德君子也不会有过失。整个观卦是说，观仰要有敬仰之情，视野还要宽阔宏大，才不犯错误。

## 六十四卦之二十一噬嗑卦

䷔震下离上

正读：《彖传》云：“颐中有物曰噬嗑。”颐，就是人的嘴。嘴中有物，要咬一下才能合。就卦象爻位看，初九、上九，像人的上唇、下唇，九四像口中的硬物。以咀嚼食物为喻，对社会中强梗的，要使用刑法。

卦象，震下离上，火雷噬嗑。震为雷，指雷击；离为火，指电光之火。电闪雷鸣之状。天地之间有强梗之物，得电闪雷击治之，去之，也叫噬嗑。凡大凡小，皆以刑法治理之义。

**卦辞：噬嗑，亨。利用狱。**

正读：咬掉口中之物，必定亨通。社会要亨通，去掉天下之梗物，得利用刑狱。

**初九：屦校灭趾，无咎。**

正读：屦，穿戴。校，刑具，也称“桎”。灭趾，灭鼻，灭耳，当一致解读为灭亡之灭，即割掉之义。古代刑法，多从肉体上施行，挖眼割鼻，刖刑宫刑，剁指断臂，甚至砍头剖腹（龙逢斩、比干剖），不一而足。此爻说，足戴刑具，割掉脚趾，使其不再做恶事，也无生命之危害。

**六二：噬肤灭鼻，无咎。**

正读：肤，皮肤之肤。割鼻挖肉，指比灭趾更重的刑法。

**六三：噬腊肉遇毒，小吝，无咎。**

正读：将肉风干为腊肉。喻指惯偷惯盗，长期作恶之人。对这种顽劣之人用刑，反而难于奏效。遇毒，遭遇困难，难有效果。小吝，小小麻烦不顺当，并无大咎。

**九四：噬干胏，得金矢。利艰贞，吉。**

正读：胏，带肉的骨头。“金矢者，刚直也。”咬到难啃的骨头，得用刚直之道。治狱者为人刚直，艰难守正，有利，才能得到吉祥。

**六五：噬干肉，得黄金。贞厉，无咎。**

正读：金老引胡炳文说：“噬肤，噬腊肉，噬干胏，一节难于一节。六五噬干肉，则易矣。五君位也，以柔居刚，柔而得中，用狱之道也，何难之有！”《彖传》云：“贞厉无咎，得当也。”用刑之人，处置得当，十分顺手，有如得到黄金般的心满意足。兴奋之情已现。

**上九：何校灭耳，凶。**

正读：何，荷，肩扛。肩戴枷具，割去耳朵，凶险。这与初九一样，指受刑之人。五爻君位，上爻过甚，指罪大而不可解。对重犯必须重处，所以“凶”。

## 六十四卦之二十二贲卦

䷕ 离下艮上

正读：贲卦与噬嗑卦为一对偶。噬嗑卦：离在上，贲卦离在下，一上一下。震倒过来就是艮。卦象正相反对。《序卦传》云：“贲者饰也。”文乃饰也。文饰就是指外表的打扮、包装。贲卦讲文，也体现文与质的关系。《论语》所谓“文质彬彬，然后君子”。文与质，一个形式一个内容，相互结合为好。质而无文，不行；文而过盛也不提倡。

噬嗑讲用刑治乱，贲卦讲文饰增彩，其义相反也。

**卦辞：贲，亨。小利有攸往。**

正读：程传云：“物有饰而后能亨，故曰无本不在，无文不行。有实而加饰则可以亨矣。文饰之道可增其光彩，故能小利于进也。”文饰毕竟是外表的包装，不可过之。只能“小”，太过则有损于质，质才是“本”。

**初九：贲其趾，舍车而徒。**

正读：初爻在下，象趾。鞋履最能显示一个人的礼仪举止，故从趾上说。如同今人出门皮鞋擦得亮光光。因为贲其趾，才舍车而徒步，将鞋上的文饰显示于人。

**六二：贲其须。**

正读：须，胡须。嘴上胡须，对脸面有文饰效果，虽不能起根本作用，也是一种打扮。

**九三：贲如，濡如，永贞吉。**

正读：濡如，光彩润泽之貌。打扮得光彩照人，那还是文饰而已。要永远保持本性不变，坚守刚正，才得吉祥。

**六四：贲如，皤如，白马翰如。匪冠，婚媾。**

正读：皤，白。翰，马白色也。《礼记》郑注："戎事乘翰。"九三"濡如"，讲打扮得太光鲜，文饰过盛，则"皤如"是文返于质，崇素返质的意思。白色、素色，是本色，才显出本质。本质是好的，所以"匪冠、婚媾"。是好事情（婚媾），不是坏事（匪寇）。

文饰吧，白色是好样的。骑着白马走过来，不是强盗，是迎亲的马队啊！

**六五：贲于丘园，束帛戋戋，吝，终吉。**

正读：丘园，山丘田园。贲于丘园，在田土中耕种，让丘园变绿，披上绿装。束帛戋戋，指耕种于田园，收获（束帛）不多（戋戋），所以"吝"，最终得到吉祥。

**上九：白贲，无咎。**

正读：白色（本色、素色）为饰，不过分打扮，也无危害。

## 六十四卦之二十三剥卦

䷖ 坤下艮上

正读：剥卦与复卦为一对偶。剥，阴剥阳。复，阳刚回复。体现阴阳的消长。剥卦全倒过来，震下坤上，就是复卦。

剥卦以“床”为物象，从初爻到上爻，逐层推进，讲明阴长阳消剥脱之象。即小人得志，君子沦丧之现实。

**卦辞：剥，不利有攸往。**

正读：剥，剥脱。剥卦仅上九阳爻，群阴长盛，阴剥阳，喻指小人（阴）得势，君子势单力薄则“不利有攸往”。

**初六：剥床以足。蔑贞凶。**

正读：床，指坐床，低矮，可坐可依。前四爻以之为物象，借以说理。蔑，无。床足最低，与初六对应。剥掉床腿，没有坐床的安定（贞）之道，必然凶险。

**六二：剥床以辨，蔑贞凶。**

正读：进一步，往上，剥掉坐床的中间部分。辨，判也。判，分也。皆从刀。以刀分物，分其半也。没有了床的主体部位（贞），也必然凶险。

**六三：剥之无咎。**

正读：帛书《易经》作“剥，无咎”。六三与上九应，阴阳协调，金老引荀爽说：“众皆剥阳，三独应上，无剥害意，是以无咎。”

**六四：剥床以肤，凶。**

正读：继续往上，剥掉了床的表层床板，也是凶险。

**六五：贯鱼，以宫人宠，无不利。**

正读：贯鱼，鱼贯而行，一个接一个。指阴爻从初六到六五，都是阴爻，一爻接一爻，鱼贯而上。前四爻取“床”为物象，此爻切换为鱼。鱼，阴物。《本义》云：“五为众阴之长，当率其类，受制于阳，故有此象。”宫人指女性，阴爻占据中位，应该说是正常现象。受制于上九的阳，象宫人得君王之宠幸，故无有不利。

**上九：硕果不食，君子得舆，小人剥庐。**

正读：上爻阳爻，比作“硕果”。前五爻都是阴爻，阴剥阳。阳在上爻仅存。犹如硕果仅存，以后必有发展。春风吹又生，君子会有一车子硕果。而上爻再为阴爻所剥的话，小人当位，小人当只有剥食荠根了。帛书《易经》作“剥芦”。《说文》云：“芦，芦菔也。一曰荠根。”君子得一车子硕果，小人则只有荠根度日。判然分明。

可见，宇宙万物，阳爻乃天之正道，可生生不息。只要硕果仅存，有一线生机，那就会发展壮大，欣欣向荣。

## 六十四卦之二十四复卦

䷗ 震下坤上

正读：剥卦一阳在上，复卦一阳在下，组成一对偶。剥卦阴剥掉阳，复卦阴极则阳生。一阳生于五阴之下，阳复也。复，阳刚回复之义。

**卦辞：复，亨，出入，无疾；朋来，无咎。反复其道。七日来复，利有攸往。**

正读：阳刚回复，亨通。阳气复出自内（入），长进于外（出），出入没有毛病。同类加入（朋来），也无过错。阳刚回复，有其规律，七日往返，利于前往做事。

唯“七日来复”，有不同的解读。金老说：“反复其道，谓消长之道，反复迭至。阳之消，至七日而来复。姤，阴之始消也。七变而成复，故云七日，谓七庚也。”廖名春引屈万里说：“复卦为剥卦之反，复卦之一阳，历六爻而至剥卦，再返于复卦。这样，一共经历了七爻。卦辞是以一爻当一日。”有易学家说：经复卦一阳生，临卦二阳生，泰卦三阳生，大壮四阳生，夬卦五阳生，到全阳乾卦，再到姤卦一阴生，经历了七个阶段。经过姤卦一阴生，遯卦二阴生，否卦三阴生，观卦四阴生，剥卦五阴生，到全阴坤卦，再到复卦一阳生，也经历了七个阶段，这七个阶段就是“七日来复”的“七日”，指阴阳往复循环的周期数。

不同的解读使易学丰富多彩，学易者不可不知。

**初九：不远复，无祇悔。元吉。**

正读：走得不远，及时回复。没有太大的悔恨，大吉大利。祇，大也。（《周易》孔颖达疏引）

**六二：休复，吉。**

正读：复，回复阳刚之气。就人世说，复于礼，礼的核心是仁，复礼则为仁。《象传》云："休复之吉，以下仁也。"程传："初复于仁，二能亲而下之，是以吉也。"休，休美，指美德而言，仁即美德。恢复美德，当然得吉。

**六三：频复，厉，无咎。**

正读：阳气的回升并不顺利，反复较量中不断增强，虽带有危险，却无过错。

**六四：中行，独复。**

正读：阳气回升已经到大道上，无可阻挡，一往无前复归正道。

**六五：敦复，无悔。**

正读：敦厚忠诚的复归正道，内心不会后悔。

**上六：迷复，凶，有灾眚。用行师，终有大败；以其国，君凶。至于十年不克征。**

正读：迷，迷失正道。回复到邪路歪道，有凶险，有灾祸。以此作战，必有惨败。以此治国，国君凶险。国家实力长期不能提升。十年者，数之终。不克征，终不能行。

金老引《周易折中》胡炳文说："迷复与不远复相反。初不远而复，迷则远而不复。敦复与频复相反，敦无转易，频则屡易。独复与休复相似，休则比初，独则应初也。十年不克征，亦七日来复之义。"这对理解全卦极有帮助。

## 六十四卦之二十五无妄卦

䷘ 震下乾上

正读：无妄，没有虚妄，不妄求，也不妄动。从卦象说，天雷无妄。天下雷行，象征用雷势警示万物，不得妄动妄求。无妄与天，天道就产生关系。无妄不能违天，要顺乎自然。

**卦辞：无妄，元亨利贞，其匪正有眚，不利有攸往。**

正读：不妄求妄动，就"元亨利贞"，如同乾卦的"元亨利贞"一样，能得到大亨大通。要大亨大通，得守正道顺天道，合乎自然规律（正），不守正（匪正），便有灾祸（眚），不利于前行办事。

**初九：无妄，往吉。**

正读：不妄动妄求，实实在在地前往办事，会有吉祥。

**六二：不耕获，不菑畬，则利用攸往。**

正读：不妄想刚耕种就会大丰收。菑，开垦一年的田土。畬，开垦两年的田土。不妄想开垦一两年的田土立马变成良田。没有这样的妄想，才有利于前往办事。

**六三：无妄之灾，或系之牛，行人之得，邑人之灾。**

正读：无妄想也会遇到意外之灾。或，表肯定，可能。比如拴着的牛，过路人顺手偷走，村里人遭怀疑而蒙受不白之冤。

**九四：可贞，无咎。**

正读：能够坚守正道，没有过错。

**九五：无妄之疾，勿药有喜。**

正读：对读“无妄之灾”，此说你不违背生活之道，也可能染上疾病。如同“无妄之灾”。不用服药，不服药会好，吃药反倒坏事。有喜，指病愈。

**上九：无妄，行有眚，无攸利。**

正读：金老讲《周易折中》引龚焕语：“无妄者，实理自然之谓。循是理则吉，拂是理则凶。初往吉，二利有攸往，循是理而动者也。四可贞无咎，宁是理而不动者也。三有灾，五有疾，不幸而遇无故非意之事。君子亦听之而已。上九居无妄之极，不可有行。若不循理而动，则反为妄矣。其有眚而不利也，宜哉。”

全卦是说，无有虚妄之心，得依自然之道，当动得动，当静则静，把握时机为好。

## 六十四卦之二十六大畜卦

䷙ 乾下艮上

正读：大畜与无妄组成一对偶。无妄乾上，大畜乾下。无妄下卦震反过来为大畜之上卦艮，卦象相为反对。无妄，无虚妄，无妄无求，顺应自然而守正；大畜相反，广泛蓄积，增加财富。

**卦辞：大畜，利贞。不家食吉。利涉大川。**

正读：《彖传》云："大畜，刚健笃实辉光，日新其德。"刚健是乾，笃实是艮。刚健笃实就能发其辉光，就能日新其德。不仅蓄物，还得日新其德。物质财富，精神财富都兼顾到了。

《象传》云："天在山中，大畜。君子以多识前言往行，以畜其德。"物莫大于天，天在山中，乃蓄积至大之家。爻辞多延及马牛豕诸物，孔子更注重道德学术层面的大蓄积。积物又积德，才是大畜。

"不家食"，不自食于家。小农经济，自种自食，应该说"不"。要走出去，广泛蓄积，才有光辉。敢作敢为，利涉大川。

**初九：有厉，利已。**

正读：厉，危险。遇到危险，得停一停（已），有利。内卦乾，乾要健，要前进；外卦艮，艮是山，要限止。卦象之义，当进则进，当止则止，大畜得掌握时机。

**九二：舆说輹。**

正读：说，通“脱”。车子脱落了輹。輹是车轴与车身连接的部件。

**九三：良马逐，利艰贞。曰闲舆卫，利有攸往。**

正读：良马驱驰，喻指前进迅速，但有艰难，守持正道（贞）则有利。曰，“曰杀羔羊”“曰为改岁”之“曰”，表确认。闲，练习。舆，车。卫，自我保护。要经常练习马车的使用与自我保护，前行做事才有利。

**六四：童牛之牿，元吉。**

正读：童牛，未长角的小牛。牿，《说文》云：“牛马牢也。”圈养小牛，大吉大利。

**六五：豮豕之牙，吉。**

正读：《说文》云：“豮，羠豕。羠，騬羊。騬，犗马。犗，騬牛。辗转互训，统释为去势的马牛羊豕为当。牙，《说文》云：“象上下相错之形。”喻指猪栏。圈养小猪，吉祥。

**上九：何天之衢，亨。**

正读：何，荷，肩扛物，有承载义。指满载财物，行走在通天大道上，必然亨通顺利。

全卦是说，不能穷处自种自食，要走出去，广开财路，圈养马、牛、羊、豕，搞好畜牧业，才能蓄积致富，致大富。

## 六十四卦之二十七颐卦

震下艮上

正读：颐卦初九、上九为阳爻，中间四个阴爻。很像人的口，上下实，口中虚。像人在进食，卦名叫颐，取饮食养人之义。颐，养也。

**卦辞：颐，贞吉。观颐，自求口实。**

正读：颐养，正即得吉。贞，正，指恰到好处。不缺也不过。《彖传》云：“颐，贞吉。养正则吉也。观颐，观其所养也。自求口实，观其自养也。天地养万物，圣人养贤以及万民，颐之时大矣哉。”颐，不外两个方面，看别人进食，自己也得进食，圣人养万民，万民养子女，“观其所养也”。自求口实，就是自养。

**初九：舍尔灵龟，观我朵颐，凶。**

正读：灵龟不食也能活，指少食而已。朵，隆起，凸出部分。指腮帮子鼓起，明指吃得过饱了。对比，有人缺食少食，有人饱食饱胀，如杜诗言“朱门酒肉臭，路有冻死骨”，那是凶险。

**六二：颠颐，拂经于丘颐，征凶。**

正读：金老引黄干说：“颐之六爻，只是颠、拂二字。求养于下则为颠，求养于上则为拂。”要么观颐，要么自养。观颐，上养下，而今上不养下，颠倒了，本该自养而求养于上叫颠颐。拂经，违背常理了。丘颐，帛书《易经》作北颐。北，背也，指违背颐养之道。颠颐，拂经，同样是违背颐养之道。继续下去（征），必然凶险。

**六三：拂颐贞凶，十年勿用，无攸利。**

正读：拂颐贞，三字连读。卦辞“颐贞吉”，相反，拂颐贞，不吉当凶了。十年勿用，指终不可用。颐养之法，正则吉；拂违颐养之法，拂则凶。这种做法，终不可用。违背颐养正道，何利之有（何攸利）？

**六四：颠颐，吉。虎视眈眈，其欲逐逐，无咎。**

正读：程传云：“以上养下为顺，今反求下之养，颠倒了，故曰颠颐。然上不胜其任，无力养下，求在下之贤能而顺从之，以济其事，则天下得其养，而已无旷败之咎，故为吉也。”上位阴柔，不能自养，岂能养下？特殊情况，颠颐也是正常的，也会得到吉祥。

金老引吴澄曰：“自养于内者莫如龟，自养于外者莫如虎。故颐之初九、六四取二物为象。四之于初，其下贤求益之心，必于虎之视下求食而后可（虎视眈眈）。其视下也专一而不他，其欲食也继续而不歇（其欲逐逐），如是则于人不贰，于己不自足，乃得居上求下之道。”这就恰当解读爻辞了。

**六五：拂经居贞吉，不可涉大川。**

正读：六五求养于上九，叫拂经，违背常理了。本当自养（自求口实），没有能力只有求养于上，只要居中守正，还是吉祥，但要渡过大河激流还不行。

**上九：由颐，厉，吉。利涉大川。**

正读：由颐，天下由之养。当天下之任，得怀危厉之心则吉利。利于干一番大事业。程传明指伊尹、周公之贤能担当此任，让百姓安居乐业。

颐卦讲颐养之道，自养、养下，做到人人有饭吃，不饥也不过，社会“大有庆”。

## 六十四卦之二十八大过卦

䷛巽下兑上

正读：颐卦与大过为一对偶。颐卦初、上为两阳爻，中间四阴爻；大过初、上为两阴爻，中间为四阳爻。彼此反对。颐卦为颐养之义，以不饥不饱，适度为好。大过反其义，指极为过分的种种行为。

**卦辞：大过，栋桡，利有攸往，亨。**

正读：《彖传》云：“栋桡，本末弱也。刚过而中，巽而说行，利有攸往，乃亨。”是说上下两阴爻，显出柔弱。中间四阳爻，阳盛阴衰。所以是“刚过而中”。这是爻位说。古代易学家多从爻位上解读卦辞，不可不知。

栋，指脊檩，房梁。桡，弯曲。房梁承受力过大，势必弯曲。这种极为过分的现象必须加以纠正，即“利有攸往”，纠正之后，方可亨通。

大过并不可怕，只要采取措施纠正就好。

**初六：藉用白茅，无咎。**

正读：藉，垫衬。白茅柔软洁白，古代祭祀多用之，一是做垫衬，上面放祭品；二是“缩酒”，祭酒顺茅而下似神饮之。喻指有虔诚敬仰之心，虽遇大过，已无危害。

**九二：枯杨生稊，老夫得其女妻，无不利。**

正读：稊（tí），通“荑（tí）”，古同音。枯杨长出新芽，比之老夫娶少女为妻。这当然是大过，但没有不利。

**九三：栋桡，凶。**

正读：房梁弯曲，不加补救，必然凶险。同样的“栋桡”，卦辞说“亨”，此爻说“凶”。同样的大过，积极采取措施纠正则亨，不采取措施，听之任之则凶。

**九四：栋隆，吉。有它，吝。**

正读：《象传》云：“栋隆之吉，不桡乎下也。”栋梁采取措施纠正，弯曲处向上隆起，不再弯曲向下，则吉祥。如果还是那样弯曲（它），就有危害。有，表确认。“它”与“蛇”通，弯曲如蛇（它）也。

**九五：枯杨生华，老妇得其士夫。无咎无誉。**

正读：干枯杨树开了花，老妇人嫁给年轻人。无有过失，也不值得赞扬。这些过分的行为，只能说还能勉强接受，无法赞誉。正如《象传》云：“枯杨生华，何可久也。

士夫老妇，亦可丑也。”“何可久”，“亦可丑”，还是秉持否定态度。

**上六：过涉灭顶，凶。无咎。**

正读：渡河淹没了头顶，凶，有措施就无危害。

全卦是说，遇到过分的行为（大过），肯定有凶险，只要措施得当，也无危害。

注：六十四卦之二十九坎卦（见八经卦）

六十四卦之三十离卦（见八经卦）

## 六十四卦之三十一咸卦

艮下兑上

正读：咸，感也。咸卦，艮下兑上，艮是少男，兑是少女。男女相感之深，莫如少者，故二少为咸。咸卦讲男女感应，彼此相爱相交。金老引程传云：“柔爻上而刚爻下。柔上变刚而成兑，刚下变柔而成艮。”这是讲卦变，八卦由乾坤二卦变化而来。上三爻本来都是阳爻，现在坤的一爻上来了，把最上一爻变成阴爻了，乾卦变成兑卦。

下边本是三阴爻，是坤卦。上面的阳爻下来，把坤卦第三爻变阳爻，坤卦变成了艮卦。柔爻指阴爻，刚爻指阳爻。柔上而刚下，二气相应。男女感应，组成了咸卦。

**卦辞：咸，亨，利贞，取女吉。**

正读：男女交感，亨通顺畅。贞正不变有利，娶妻必吉利。

**初六，咸其拇。**

正读：拇，是足之大拇指，身体之最下，感应之最初最下。有如初恋，在一起走走而已。咸卦六爻皆以人身取象，从下而上，初六拇，六二腓，三爻股，四爻心，五爻脢，上爻舌。层层深入，最终恋爱成功。

**六二，咸其腓，凶。居吉。**

正读：腓指小腿肚。上升到小腿，感应进了一步。但要静，不得乱动，动则凶，居静则吉。

**九三，咸其股，执其随，往吝。**

正读：从小腿而上，到大腿，爱情有所发展。《象传》云："咸其股，亦不处也。志在随人，所执下也。"这在解读"执其随"，随谁？随初爻、二爻之恋人。不处，不静处，指动，人动，它也动，彼此感应而已。

**九四，贞吉，悔亡。憧憧往来，朋从尔思。**

正读：坚定执着，必然吉祥，悔恨消失。憧憧，往来不断。你不懈追求，不断往来，你的恋人就会顺随你的心意，才能成功。

**九五，咸其脢，无悔。**

正读：脢，王弼注："脢者心之上，口之下。"感情升温，抚摸她的胸腹部位，不会引起悔恨。

**上六，咸其辅，颊，舌。**

正读：辅，牙床，代指嘴；颊，面颊，代指脸部。亲她的脸，吻她的嘴，吻她的舌。整个恋爱过程到此，大功告成。

## 六十四卦之三十二恒卦

巽下震上

正读：咸卦与恒卦组成一对偶。咸卦艮下兑上，谈少男少女的恋爱感受；咸卦倒过来巽下震上，就是恒卦之象。巽象征长女，震象征长男。长男长女结为夫妇，夫妇家室得稳定，终身不变，坚持恒久之道。

**卦辞：恒，亨，无咎。利贞，利有攸往。**

正读：恒是久常。恒有二义，不易之恒，不已之恒。不易就是常，不已就是久。常，固定不变；久，不停地运动变化。既有区别，又有联系。

利贞，利正，指不易之恒，表示常。利有攸往，指不已之恒，在变动中求发展。利贞，利有攸往，将恒的两个方面（久、常）都表达了。

**初六，浚恒，贞凶，无攸利。**

正读：浚，楚简作叡，帛书《易经》作夐。叡，通"濬"，疏通义。浚，深挖，亦疏通义。夐，远也。远离恒德，表达的意思一样：改变恒德，坚持不改（贞），就凶险，也不会有利。

**九二，悔亡。**

正读：恒久保持美德，悔恨消失。爻位说："九二以刚中之德而应于中，德之胜也，足以亡其悔矣。"

**九三，不恒其德，或承之羞，贞，吝。**

正读：不能恒久保持美德，就要蒙受羞辱。或，表确认，表肯定。贞，正，守正不动。吝，吝惜。

**九四，田无禽。**

正读：以畋猎为喻，不持恒久之道，无禽兽之获，必用力而无功。

**六五，恒其德，贞，妇人吉，夫子凶。**

正读：金老引程传云："夫以顺从为恒，妇人之道，在妇人则为贞，故吉。若丈夫而以顺从于人为恒，则失阳刚之正，乃凶也。"解释确当。

**上六，振恒，凶。**

正读：振恒，动摇恒久之道，必然凶险。

整个恒卦，要么恒，九二、六五，二爻；要么不恒，初

六、九三、九四、上六，四爻。兼顾了正反两个方面。

## 六十四卦之三十三遯卦

䷠ 艮下乾上

正读：天山遯，上面是乾，乾为天；下面是艮，艮为山。《序卦传》云："遯者，退也。"遯，异体"遁"，遁逃，逃避。《系辞传》云："君子之道，或出或处。"出，出仕入世。处，就是"遁"，隐居不仕。山，山林就是隐居的好去处。

**卦辞：遯，亨，小利贞。**

正读：隐退，定会亨通。坚守正定（贞），小有好处（小利）。《象传》云："君子以远小人，不恶而言。"隐退是君子远离小人的一种手段。不恶，憎恶之恶，不让小人知道你讨厌他，让他感知你的威严而敬畏你。这是孔子对卦辞的补充解读，引申其义。

**初六：遯尾，厉。勿用有攸往。**

正读：隐退得太晚（尾），有危害。这时候不要有所行动，要静观其变。

**六二：执之用黄牛之革，莫之胜说。**

正读：用黄牛的皮捆绑起来，谁也不能解脱（说）。《象传》云："执用黄牛，固志也。"固志，坚定志向，坚定隐退的志向，不动摇。

**九三：系遯，有疾厉，畜臣妾，吉。**

正读：系遯，把这种执意隐退的人捆绑起来，是有毛病（疾）有危害的（厉），不如当臣仆、侍妾蓄养起来，才吉利。

**九四：好遯，君子吉，小人否。**

正读：从容隐退，君子才做得到，所以“吉”。小人做不到，所以“否”。

**九五：嘉遯，贞吉。**

正读：程传云：“九五中正，遯之嘉美者也。处得中正之道，时行时止，乃所谓嘉美也。故为贞正而吉。”嘉美及时退避，有如尧、舜禅让于贤。能够贞正，必然吉利。

**上九：肥遯，无不利。**

正读：肥遯，一作蜚遯，即飞遯。远走高飞，无所不利。

金老引项安世说：“下三爻艮也，主于止，故为不往，为执革、为系遯。上三爻乾也，主于行，故为好遯，为嘉遯，为肥遯也。”这是遯卦总论，讲得极为清楚。隐遁得有止有行，时止时行，体现了辩证法。

## 六十四卦之三十四大壮卦

䷡ 乾下震上

正读：遯卦与大壮组成一对偶。遯卦艮下乾上，倒过来乾下震上就是大壮之卦象。遯卦讲隐退，因无力而退；大壮显示为力量超强，义相反也。

卦象显示，四阳二阴，阳爻多于阴爻。阳为大，大壮指阳的力量壮大。力量不仅指体力体能，更包含智慧与品德，完善结合的力量，才是真正的大壮。

**卦辞：大壮，利贞。**

正读：力量超强，要坚守静定，才会有利。

**初九：壮于趾，征凶，有孚。**

正读：初爻取象于趾，起步超强，要前进，必有凶险。孚，帛书《易经》作“復”，当停止不前才是。

**九二：贞吉。**

正读：守正不争，就会吉利。

**九三：小人用壮，君子用罔，贞厉。羝羊触藩，羸其角。**

正读：比较文例：君子吉、小人否，小人吉、君子否亨，妇人吉、夫子凶，皆为义相反。小人用壮，君子则不得用壮。罔，罔用。小人恃强，君子不得恃强。君子用强则有危害。用壮，如同公羊（羝羊）强撞藩篱，羊角必被缠绕（羸）。喻指一味恃强，必陷入困境。逞强必失，不得强硬。

**九四：贞吉，悔亡。藩决不羸，壮于大舆之輹。**

正读：持正不动，就有吉祥，悔恨消亡。因有超强之力，譬如公羊冲破藩篱，羊角不被缠绕，又像大车的车轮能够载重远行。这是鼓励有超强能力的君子行动起来，积极进取。

**六五：丧羊于易，无悔。**

正读：丧羊于易，有多种解读。甲，易，指地名，在有易这个地方丧失羊群。乙，易，通“狄”，狄人。狄人入侵，丧失了羊群。丙，易指和易，丧其壮于易。取丙说。羊性刚，本有阳刚之气，现为阴爻，六五以柔居中，不觉失其刚，自失其壮。在和易之中，自失其壮。该壮而不壮，自失其壮，无悔恨。

**上六：羝羊触藩，不能退，不能遂，无攸利，艰则吉。**

正读：公羊顶触篱笆，绕了角，不能退，又不能进，进退两难，无所利益。唯有艰难守静，渡过难关，才有吉祥。上爻指过甚，过度显示其壮，必处艰难之中。

## 六十四卦之三十五晋卦

䷢坤下离上

正读：卦象坤为地，坤在下；离为火，火在上。日为火，指太阳，太阳从地平线冉冉而上。晋卦其义为升，晋升，事业蒸蒸日上。

晋卦与明夷卦组成一对偶。卦画相反，明夷卦离下坤上，火在地下，光明受到伤害，与晋升之义相反。

**卦辞：晋，康侯用锡马蕃庶，昼日三接。**

正读：康侯，今人有以卫康叔作解者。古人以为，诸侯能顺附天子之明德，是康民安国之侯也，故谓之康侯。可从。朱子《周易本义》云："晋，进也。康侯，安国之侯也。锡马蕃庶，昼日三接，言多受大赐而显被亲之礼也。"天子治于上，天子亲诸侯，宠赐车马，昼日三接见，诸侯治于下也。在下顺附明君，诸侯之象也。

**初六：晋如摧如，贞吉。罔孚，裕无咎。**

正读：晋如，指进，晋升；摧如，不进，是谦恭之态。贞吉，保持正定，必有吉祥。罔孚，得不到上司的信任，孚指诚信。那得宽容，不急于晋，不会有危害。裕，宽裕，雍容宽裕，不急于求进。君子进退有道。

**六二：晋如愁如，贞，吉；受兹介福，于其王母。**

正读：六二，中正柔和，不可强进，进则可忧（愁如），保持正定，必有吉祥。介，大也。王母，指祖母，阴之至尊者，指六五。爻位说，六二、六五都是阴，以阴应阴。因为中正，受此大福。

**六三：众允，悔亡。**

正读：晋升之时，志同道合，得到众人信任，悔恨消亡。

**九四：晋如鼫鼠，贞，厉。**

正读：贪而畏人者鼫鼠也。向上晋升像那鼫鼠，贪婪又畏惧。即使严守本分，也免不了灾祸。

**六五：悔亡，失得勿恤。往吉，无不利。**

正读：悔恨消亡，不考虑得或失，前往必吉，无往不利。

**上九：晋其角，维用伐邑。厉吉，无咎。贞吝。**

正读：晋升，得利用你的优势（角），大胆主动进击（维用伐邑），虽有危险（厉），但可获吉祥，没有过错。如果正定静守，丢掉晋升机会，反而吝惜。

## 六十四卦之三十六明夷卦

䷣离下坤上

明夷卦于1995年完成，发表于《贵州大学学报》1995年第4期。收入《辛巳文存》（17—25页）。题目：《〈易·明夷卦〉探微》。

### 《易·明夷卦》探微

内容提要：本文就《易·明夷卦》进行细微例析，以探求《易》所包含的理性思维脉络。明夷卦不是如高亨先生理解的田猎故事，也不是李镜池先生所认为的行旅之难，而是通过殷末三仁即微子行遁、比干剖心、箕子佯狂之本事，总结君子身处乱世的经验教训，肯定箕子佯狂为奴、用晦得明的正确措置。

古往今来，历代学者对《周易》中明夷卦的阐释众口不一，歧义纷呈。本文主要针对今人李镜池先生《周易探源》（中华书局版）及高亨先生《周易古经今注》（中华书局版）中对明夷卦的解释阐述自己的一些不同看法，以希望对明夷卦中体现的《周易》所包含的整体的理性思维脉络作一正确的揭示。

一、关于卦名、卦辞

不可否认，明夷卦的卦名与卦象是有联系的。卦象䷣离下坤上。离为火、为日、为明，坤为地、为阴，乃日光没入地下之象，其明见伤。所以《序卦传》："伤也。"《杂卦传》："诛也。"都是附丽于卦象为说。

不难明白，明夷卦卦名的解释当是：光明受到损伤。这个损伤中既有伤义，又有杀戮之义。因为"诛，讨也。凡杀戮、纠责皆是"（《说文解字》段注）。爻辞于二者皆有体现。

汉代经学大师郑玄说："夷，伤也。日出地上，其明乃光，至其入地，明则伤矣。故谓之明夷。日之明伤犹圣人君子有明德而遭乱世，抑在下位，则宜自艰无干事政，以避小人之害也。"（引自李鼎祚《周易集解》）

郑玄的解说无疑是正确的。明夷卦的背景当是"圣人君子有明德而遭乱世"。这又是哪一个乱世呢？来知德《周易集注》说得很具体："初爻指伯夷，二爻指文王，三爻指武王，四爻指微子，五爻指箕子，上六指纣。"各爻所指未必符合，背景是殷纣之世却是很明确的。近人胡朴安《周易古史观》说："明夷者，殷纣之乱，明入地中而明伤也。"这从爻辞中也可以得到证实。高亨先生视明夷为田猎，李镜池先生视明夷为行旅，似为不妥。

卦辞"利艰贞"，唐孔颖达《周易正义》于此已有正确释义："时虽至闇，不可随世倾斜，故宜艰难坚固，守其贞正之德。"程颐《易传》说："君子当明夷之时，利在知艰难而不失其贞正也。在昏暗艰难之时而不能失其正，所以为明君子也。"

《周易》爻辞有"利艰贞"者，见于噬嗑九四、大畜九三，而以"利艰贞"一语作卦辞的只有明夷一卦。足见明夷对于君子确乎是遭逢乱世。君子处在明夷这个黑暗险恶的时代，唯一出路就是“利艰贞”。这卦辞当包含两层意义：一、身处乱世要不失其正；二、身处乱世要晦藏其明。若失其正，不贞，随时俯仰，则无以为君子。这里强调了“贞”，这是原则，不可动摇。艰，乃晦其明之意，这是君子身处乱世的策略。贞且艰，既有原则又讲策略，当“利”也。如果贞而不艰，不懂得处乱世的策略，不“晦其明”，盲目进击，“进必有所伤”（《序卦传》），就有杀身之祸。爻辞于此自有反映。所以，卦辞是讲君子处乱世的原则与策略，两方面都必须兼顾到，自然就“利”。因为立足于君子为说，策略就特别重要。爻辞突出一个“艰”字，强调“晦其明”。

由此明白，明夷卦的意义是在总结君子处乱世的历史经验与教训。这样的经验教训，《易》作者不是凭空臆谈，而是以殷末三仁即微子行遁、比干剖心、箕子佯狂三个故事来坚实其说。这正是《易》作者理性思维的集中体现。

二、关于微子行遁

据《史记·宋微子世家》载，微子乃帝乙首子，纣之庶兄。纣王无道，群臣屡谏不从。“微子度纣终不可谏，欲死之及去，未能自决，乃问于太师、少师。太师（箕子）曰：‘令诚得治国，国治身死不恨。为死，终不得治，不如去。’遂亡。”

应该说，明夷卦的初九、六二两爻，就是讲微子出亡的故事。

初九：明夷！于飞垂其翼。君子于行，三日不食。

有攸往，主人有言。

六二：明夷！夷于左股，用拯马壮，吉。

明夷卦初、二、三爻均将“明夷”放在爻辞开头，以惊呼贤人受到压抑，光明遭到损害，突出了君子遭遇乱世的背景。历来断句为“明夷于飞，垂其翼”。作者在这里强调“明夷”，大声疾呼“光明受到了损害呵！”所以应单独成句。正因为光明受到了损害，才有微子的出走。

李镜池先生用后于《周易》的《诗经》中的句子“燕燕于飞”“仓庚于飞”“鸿雁于飞”与此爻辞比较，认为“明夷”乃“鸣鹈”的通假，是一种鸟，自信“绝不附会”。这实在是本末倒置了。不如说《诗经》作者在学《易》，模仿其句型，如此而已。后几百年，有汉代帛书更添一“左”字，成为“明夷于飞，垂其左翼”，就更酷似《诗经》的句式，颇像一首完整的民歌了。这种以今证古、以今律古的研究方法是否恰当，令人怀疑。李先生由此出发，变更了明夷卦的题旨，真是愈走愈远了。李氏以为，这是引诗（包括民歌）为占，叫作谣占，属象占之一，得出“这里的谣占主要说明行旅之难”的结论。

高亨先生从李先生说，认为“明夷为鸟类，可断言也”，视明夷为鸣雉，以为“君子于行，三日不食。此殆亦古代故事也”。又说六二，“谓鸣雉被射而伤于左股，此殆古代故事也”。由此定下了明夷卦为田猎的基调，然后从田猎的角度曲解经旨，很多地方就不得不从破字着手而立说，幻造了很多无稽的古代故事。

按照微子行遁的本事，身处乱世，君子当避祸，不待祸及身就早早遁避，遁避又尽量行动迅速，所以称“于飞”。既迅速远走又尽量隐蔽不被察觉，所以称“垂其翼”，即敛翼下行，远离朝廷。于飞、于行、有攸往，强调正在走，义无反顾，宁可多日不食也不停步。

爻辞“三日”，“三”非确指，言其多天。

爻辞“主人有言”，指纣王有责难之言。

微子处乱世，本想以死报国，“三谏不听”，当然受到纣王的伤害，“夷于左股”，伤得并不重。终因所乘之马健壮，即迅速出走避祸，得以吉利。

如果将此二爻讲成一般行旅或君子狩猎，实有违于作者的本意了。

三、关于比干剖心

据《史记》载：“王子比干者，亦纣之亲戚也。见箕子谏不听而为奴，则曰：‘君有过而不以死争，则百姓何辜？’乃直言谏纣。纣怒曰：‘吾闻圣人之心有七窍，信有诸乎？’乃遂杀王子比干，刳视其心。”

可以认为，明夷卦之九三、六四两爻写的就是王子比干直谏而死的故事。

九三：明夷！于南，狩得其大首。不可疾贞。

六四：入于左腹，获明夷之心于出门庭。

王子比干坚守正道（贞），但躁急冒进（疾），直言谏纣，“进必有所伤”，终遭杀身之祸。所以《易》作者总结教训：“不可疾贞。”

作者写道：光明受到损害啊！比干不知退避，在朝廷的南门（于南），狩猎者（纣王）得其元首（头）。砍下他的头，又用刀刺进他的左腹，得到那操守光明而受到损害的人的心。这一切，都发生在门庭所出之处。

《易》作者以为，王子比干不知避祸，直言进谏，无异于自投罗网，成了纣王的猎物。

九三这一句语序当是“狩得其大首于南”，与六四“获明夷之心于出门庭”结合对看，杀头挖心都发生在朝廷南门的出口处。

这也是《杂卦传》所言“明夷，诛（杀戮）也”的含义。

微子启能够遁避，所以“吉”。比干不知避，贞而不艰，不懂处乱世的策略，不能谨慎从事，有违于卦辞“利艰贞”，所以作者说“不可疾贞”，躁急是绝对不行的。应该是血的教训了！作者对比干的同情及其内心的沉重，已充分表达。

高亨先生于九三“明夷于南狩得其大首”的文义不晓，便在“于”下增一“飞”字，又释“首”为“道”，断言“明夷于飞，南狩得其大道，乃记一古代故事”。又于六四文义不晓，便“疑腹借为寝”，说：“雉常栖止于山穴，故入寝而得之，此亦古代故事也。”又说：“之心疑当作小心，形近而讹。‘小心于出门庭’句谓在出门庭之时，当小心谨慎也。”——高先生一开始便错释“明夷”为“鸣雉”，自然就于爻辞“文义不晓”，便疑此疑彼，不断地错误下去，每一爻都臆造为无根的“古代故事”以自圆其说，又增字改经以曲就己意，实无足取。

闻一多释“于出门庭”为：“此言入腹获心，射得上杀，获者呼获，声达于门庭之外也。”认为“门庭即射宫之门庭”，视之为《穀梁传》上的“习射于射宫”。闻氏认为六二、六四两爻“盖言射宫习射”，归之于他的《周易义证类纂》“田猎”一类。可惜仅是片言只语，无法通释明夷卦全辞，亦不敢苟同。

李镜池先生认为九三是狩猎骑射事，“犹言射于南狩，得其大兽”。他释“明夷”为“鸣弓发射”，释“南狩”为“南方猎区”，释“大首”为“大头的猛兽”，皆失之穿凿。李氏认为九四“这一条爻辞最难解释”，于是费了许多曲折的考证，视明夷为弓名，“明夷之心”即“明弓的心”，以“心”为“心木”，“获明夷之心”就是“得到制明弓的好材料”，因为“弓是狩猎征战的重要武器”。

总之，离开比干剖心的本事，这两条爻辞便无从解说，由此生出许多逞臆之谈，皆不足取。

四、关于箕子佯狂

据《史记》载：“纣为淫佚，箕子谏，不听。……乃披发佯狂而为奴。”

《易》作者在六五这一爻就用了箕子佯狂为奴的故事：

> 六五：箕子之明夷，利贞。

身处乱世，箕子的处境极其艰难，正之则势不敌，救之则力不足，去之则义不可，箕子处理很恰当，他既不正之，不救之，也不去之，他采取了晦其明的办法，佯狂为奴以免于害，而内心却坚守正道不变。尽管箕子的光明受到损害（佯狂为奴），终守正全身为利。这就是“箕子之明夷”

（从吕绍纲先生说）。

正因为这样，《象传》曰：“箕子之贞，明不可息也。”箕子这样坚守正道，处乱世而不变坚贞，其意义在于光明可能受到损害，贤人遭到压抑，但光明是不会熄灭的。箕子佯狂为奴，身体受辱，而光明没有熄灭。箕子采取了“用晦而得明”的办法，体现了卦辞的“利艰贞”。倘若箕子也像微子那样行遁，或者像比干那样直谏而死，或者自己之明不晦，身不可保，明也就熄了。所以古人认为殷之三仁皆为之不易，而为箕子尤难。“箕子之明夷，利贞”，正是《易》作者对箕子用晦得明的充分肯定，认为这才是出乎其类、拔乎其萃的人物。

高亨“疑之下当有获字”，“箕子之获明夷，记箕子得鸣雉之事也”，“又疑本卦自初九至六五皆记箕子得鸣雉之事。”——高氏释“明夷”为“鸣雉”已误，又附会于箕子，则大误矣。

李镜池释“之”为“往”，释“明夷”为“东方之国，日出处”，释“利贞”为“利于出门”，认为“当是箕子往明夷的意思”。查先秦典籍，并无李先生所言之“明夷国”。且本卦五个“明夷”，李氏做了五种不同的解释。如此解经，实难信服于人。

我们说，《易》作者于本卦援用三个故事，用了三个判词，以表明他的结论。微子出走，用了“吉”字。比干被杀头挖心，用了“不可疾贞”，视之为教训。箕子佯狂为奴，用了“利贞”。判然有别，援引的三个故事彼此相关，又各有内涵。三人同处殷末乱世，同样的贤人遭受压抑，统一于“明夷”这一题目之下，浑然一体，又相得益彰。

不难看出，微子出走，取了一个消极避祸的办法。虽于义不合，亦无可责难，用一“吉”字，强调了避祸全身，而有意规避了卦辞中很重要的“贞”字。微子于乱世取行遁之法，当是最简单的处世手段，虽无可指责，亦无褒赞的必要。比干直谏，用明而得晦，取祸杀身，作者既有肯定又有惋惜，沉重之情溢于言表。“不可疾贞”四字有相当丰富的内涵。比干剖心毕竟是血的教训，不可效法。只有箕子佯狂为奴是用晦得明的典型。《易》作者总结了君子处乱世的经验教训，在于肯定箕子的用晦而得明。这应当是中国儒学的含蓄、隐忍之滥觞。卦辞“利艰贞”当由此而来。

上六：不明晦，初登于天，后入于地。

作者告诫人们“身处乱世，不懂得明与晦的辩证关系，用晦而明，用明而晦，那就必然地初登于天，后入于地”。尽管君子开初身居高位，其结果还免不了杀身取祸。这既是对前面三个故事的理性概括，又是与卦辞的紧密照应。“利艰贞”实是全卦的主旨所在。

自古来研《易》之学者多认为此爻所指为殷纣王亡国之象，今人多从之。他们认为“初登于天”指“初为天子”（应劭说），自然就联系到纣王身上。又有人从象位说，认为明夷卦以上六为君，六五为臣。六五明明讲箕子，上六自非纣王莫属。果真如此，“不明晦”三字在此爻中就没有了着落。笔者以为，明夷从卦辞到六爻辞，咸以殷之三仁立说，与纣王无涉。上六“不明晦”，正是对殷之三仁处乱世所采取的不同办法的抽象总结，并非其他。要是依象位说

《易》一般以五为君位。现今六五讲到箕子，实在不沾边，不得已将上六视为君位，岂不太随意吗？应该看到，六五是全卦的主爻，所指箕子。这正是作者倾心之所在、重笔之所在，乃全卦点睛之处。按照《周易》爻辞逐层发展的惯例，由微子而比干，而箕子，到六五已达盛极之象，再也不存在所谓其他的君位了，哪里会有纣王的影子呢！

不难明白，“明夷卦”是通过殷末三仁的故事总结君子身处乱世的经验教训，充分肯定箕子佯狂为奴、用晦得明的正确措置。舍此别无其他。

还可以明白，高亨先生、李镜池先生的根本病灶在于钩稽《易》中的表层故事而忽略了经义的哲理，实则放弃了易学中最本质的东西，自然是缘木而求鱼了。

原载1995年第4期《贵州大学学报》

## 六十四卦之三十七家人卦

离下巽上

正读：家人卦，顾名思义，讲家庭，讲治家。从中看出，中华先民如何看待这一问题。

**卦辞：家人，利女贞。**

正读：家人卦，象征一个家庭。注重女人在家庭的作用。女人持守正道，必然利于家庭兴旺。看来，这还是最早的母系社会的形态。

《彖传》曰："家人，女正位乎内，男正位乎外。男女正，天地之大义也。家人有严君焉，父母之谓也。父父、子子、兄兄、弟弟、夫夫、妇妇，而家道正。正家，而天下定矣。"这是孔子时代对家庭的诠释，离女人当家的母系社会已经很遥远了。

**初九：闲有家，悔亡。**

正读：闲，防闲。圈养羊群那个栏，叫闲。不让牛羊乱跑叫作防闲。治家得有个规矩，一开始就定立规矩，悔恨就消亡。

**六二：无攸遂，在中馈，贞吉。**

正读：金老说："遂有自专的意思。"女人治家不得自专，不得自己想干啥就干啥。"在中馈"，金老说，北方人叫"锅台转"，主持一家人的饮食。这是女人的主要职责，还得负责家中祭祀的事情，祭祀也涉及饮食之事。

**九三：家人嗃嗃，悔厉吉。妇子嘻嘻，终吝。**

正读：嗃嗃，通嗷嗷，众人怨悱之声。管理严格，众人嗷嗷，有悔有厉，最终得吉。嘻嘻，指嬉笑之声。不加管理，妇人、孩子嬉笑，有失家节，最终会发生遗憾之事，所以"终吝"。

**六四：富家大吉。**

正读：家庭富有，大吉大利。爻位说，阴爻（六），居四，得正，故大吉。

**九五：王假有家，勿恤吉。**

正读：勿恤，不必担心。假，易学家释为“格”。格，至也。王假有家，有认为是君王到家，君王降临，这是实指。也可虚指，王化至家，如《象传》云：“交相爱也。”一家之父子兄弟夫妇长幼莫不相爱。古代易学家多理解为虚指，君王的感化达于家庭，家中人交相爱也。虚指似更在理。

**上九：有孚威如，终吉。**

正读：有诚信，治家严格（威如），终能得吉。《周易折中》引吴曰慎说：“家人之道，男以刚严为正，女以柔顺为正。初曰闲，三曰厉，上曰威，男子之道也。二、四，《象传》皆曰顺，妇人之道也。五刚而中，非不严也，严而泰也。”这是爻位说解读家人。

## 六十四卦之三十八睽卦

兑下离上

正读：睽卦与家人卦组成一对偶。家人卦离下巽上，睽卦兑下离上。巽卦倒过来就是兑卦。上离，离为火。下兑，兑为泽。火泽睽。家人卦讲一家人和和美美，睽卦义相反，讲乖违不合，干不成大事。把睽推广来讲，涉及同中有异，和而不同。这又反映出万事万物的本来面目。

**卦辞：睽，小事吉。**

正读：睽卦讲异同，应该同而异。处乖违之时，难于同舟共济，难于大有作为，故办小事吉利。

**初九：悔亡。丧马勿逐，自复；见恶人，无咎。**

正读：悔恨消失。走失的马匹不用去找，马儿自会回来。与对手打交道也没有过错。

乖违之初，是正常现象，要安静以待。不求同，故丧马勿逐；不立异，故见恶人勿咎。凡事，有同有异，有分有合，这就是睽违之理。

**九二：遇主于巷，无咎。**

正读：遇主人于小巷，没有过错。小巷行走，有谦卑之义。心存谦卑，并无过失，行走庭堂就显得傲慢自大了。

**六三：见舆曳，其牛掣，其人天且劓，无初有终。**

正读：曳，拉。牛车走不动，牛又受牵制，赶车的人受过剃发、割鼻子的刑罚，开初都乖违不顺，最后还是抵达终点。天，古刑法，剃掉头发。劓，古刑罚，割鼻子。

**九四：睽孤，遇元夫，交孚，厉无咎。**

正读：乖违不顺，孤立无援。危难之时，遇到一位大丈夫，彼此诚信，得到理解，虽有危险最终没有过错。

**六五：悔亡，厥宗噬肤，往何咎？**

正读：悔恨消失，上宗庙吃肉去，往前有何危害？必然会有值得庆幸之事。厥，帛书《易经》作“登”。《象传》补充云：“厥宗噬肤，往有庆也。”

**上九：睽孤，见豕负涂，载鬼一车，先张之弧，后说之弧。匪寇，婚媾。往遇雨则吉。**

正读：乖违无援之时，似乎见到满身污泥的猪，又见一神奇鬼怪的车辆。先拉开了弓，后又放下了弓。冷静一看，不是强盗，而是迎亲队伍。如果前往，遇到阴阳相合的雨水，定有吉利。“见豕负涂，载鬼一车”指心有疑惑。因为怀疑先张弧，要射箭，后来脱之弧，知道非寇是结亲，箭不射了。阴阳合，群疑尽失。

整个睽卦，讲分而为合，讲化敌为友。对读家人卦，家人讲合，睽卦讲分，有分有合。分久必合，合久必分，自然之道也。

## 六十四卦之三十九蹇卦

䷦ 艮下坎上

正读：水山蹇，上坎为水，下艮为山。卦象，艮为山，遇山而止，当限止不前；坎为水，有坎险，不进为好。《序卦传》云：“蹇者，难也。”蹇就是讲如何对待艰难。

**卦辞：蹇，利西南，不利东北。利见大人，贞吉。**

正读：文王八卦方法，西南指坤位，坤为地；东北艮位，艮为山。在艰难之时，利于顺行平易之地，不利于走危险之山路。艰难之时，还有圣贤之人能济天下之难。这位大人必坚守正道，以大正之道济难，所以贞则吉。

**初六：往蹇来誉。**

正读：往，来，往来相对而言。程传云："上进则为往，不进则为来。"要往，要上进，有坎险，会遇艰难。若不往，而来就好。前进会遇险，后退会受赞美。

**六二：王臣蹇蹇，匪躬之故。**

正读：君王之臣在济君王之蹇难，非为自身之故。《象传》云："王臣蹇蹇，终无尤也。"终无尤，最终没有过错。

**九三：往蹇来反。**

正读：往就蹇。来，下来。反，同返，还归，退回原地。字面并不繁难，《象传》云："往蹇来反，内喜之也。"依爻位说，孔颖达曰："内卦三爻，唯九三一阳，居二阴之上。是内之所恃，故云内喜之也。"二阴是初六、六二是柔，他们喜附于九三。内喜之，是解释"来反"的，因返归其位而喜。读为往蹇来喜，亦通。

**六四：往蹇来连。**

正读：来连，"来则与在下之众相连合也。能与众合，得处蹇之道也"，这是程传的解读。往则蹇，就回来联合其他力量，共同对付艰难。

**九五：大蹇朋来。**

正读：遇上特大的困难，有朋来归来助。

**上六：往蹇，来硕，吉，利见大人。**

正读：硕，大也。来硕，退下来会有大收获。这样会吉祥如意，有利于出现大人物。来誉，来反，来连，朋来，来硕，都在说“往蹇”之时，要来，要退下来，不硬撞，才是上策。遇上险阻，不能莽撞，要退下来，团结一致，共赴时艰，才有吉祥。这才是治蹇之道。

## 六十四卦之四十解卦

坎下震上

正读：蹇卦、解卦是一对偶。蹇卦坎在上，解卦坎在下。蹇卦完全倒过来就是解卦。上震为雷，下坎为水，雷水解。蹇讲艰难，解讲舒解，其义相反。遇上艰难，得加以解除，不得听之任之。

**卦辞：解，利西南，无所往，其来复吉，有攸往，夙吉。**

正读：有难则舒解，应该从柔顺之处着手。西南坤地，坤象征柔顺。喻指从最易缓解处下手缓解。《象传》云：“解利西南，往得众也。”坤为众，缓解难处，得到众人之助。无难宜静，这叫“无所往”。遇有艰难宜快速解除，早日解除，这叫“有攸往，夙吉”。

**初六：无咎。**

正读：初爻接卦辞说，患难既解，安宁无事，则无咎矣。

**九二：田获三狐，得黄矢，贞吉。**

正读：田猎捕获三只狐。狐，指小人。《周易折中》引何楷言："天下之难，自小人始。欲解天下之难者，必有以处小人然后可。"黄为中色，矢为直。得黄矢，得中道。故"得黄矢，贞吉"。

**六三：负且乘，致寇至，贞吝。**

正读：负，背东西，小人之事；乘车，君子之事。背着东西，立在车子上，一看就知道地位与身份不相称。小人在君子之位，必然招致强盗。即使他坚守本分，结果也是不妙。

**九四：解而拇，朋至斯孚。**

正读：解而拇，解你的大脚趾。喻指去掉身边的小人，那些真诚的朋友就会到你身边来。

**六五：君子维有解，吉，有孚于小人。**

正读：君子只有解除艰难困苦，才会吉利，才会取信于小人。小人，指平民百姓。

**上六：公用射隼于高墉之上，获之，无不利。**

正读：隼，猛禽。指小人，小人中的强者。墉，墙。小人若在墉外，则无害矣。在墉上，离于内而未去也。既获之，天下之患，解已尽矣。何所不利？

解卦讲舒解危难，重点讲去除小人。蹇难乃小人所为，除小人则难尽解。狐谓柔邪小人，隼谓阴鸷而居高者，都得除去。舒解当治本之意。

## 六十四卦之四十一损卦

䷨ 兑下艮上

正读：损，减损。损卦与益卦组成一对偶，有损减必有增益。把损卦完全倒过来，震下巽上就是益卦。《彖传》云：“损下益上，其道上行。”损，就是损下益上。把乾卦第三爻放到坤卦的第三爻，坤卦第三爻放到乾卦第三爻。损刚益柔，就是损下益上。易学家认为六十四卦都是从乾坤二卦演变而来，卦变就是阳爻、阴爻的上下换位，从爻位的角度去解读《易经》。

**卦辞：损，有孚，元吉。无咎，可贞，利有攸往。曷之用，二簋可用亨（享）。**

正读：减损，心有诚意，就大吉大利。不是过错，坚守正道，利于前往办事。用什么东西祭祀神灵？两簋盛着食物就足够了。

古人重祭祀，用簋盛放黍稷之类作为祭品。可以八簋，可以六簋，可以四簋，两簋是最节俭的了。簋，从竹，最早用竹器吧！商周青铜器，簋的形制也是多种多样，多为圆形器。强调心诚（有孚），不在乎祭品的多少。

曷之用，用曷（何）。宾语前置句型，之是结构助词，宾语前置的标志。

**初九：已事遄往，无咎；酌损之。**

正读：已，止也。遄，快速。停下自己的事赶快帮助他人，没有过错。这是损己助人，要斟酌再三把握好分寸。

**九二：利贞，征凶；弗损益之。**

正读：利于坚守正道，如果贸然行动会有凶险。不用自己减损，也会让他人受益。《象传》补充："九二利贞，中以为志也。"强调"中"作为行动准则，作为不变的志向。中，就是不偏激不保守的中庸之道。

**六三：三人行，则损一人；一人行，则得其友。**

正读：三个人一同前行，互相不配合会使其中一人受损。一个人独自前行，专心一意，最终会得到朋友。《象传》云："一人行，三则可疑也。"三个人前行，不齐心，相互猜疑而达不到目的，必有减损。

**六四：损其疾，使遄有喜，无咎。**

正读：减少自身的毛病，使他人迅速受益，则有喜而无咎。

**六五：或益之十朋之龟，弗克违，元吉。**

正读：有人赠送（益）十朋的灵龟，不能够推辞，大吉大利。自己有减损之心而帮助别人，结果反而得到他人的助益，赠送灵龟。只要有损己益人之心，善有善报，自己反而大吉大利。

**上九：弗损益之，无咎，贞吉，利有攸往，得臣无家。**

正读：用不着刻意去损己益人，只要无过错，坚守正道，就会吉利。如果有所行动，会得到人心归服，万民以四海为家。得臣，指人心归顺。无家，犹如四海为家。四海为家，如同无家。

损，损下益上，减损百姓利益，增加贵族财富。这种做法《易经》作者认为不可取，应该损己以助人。

## 六十四卦之四十二益卦

䷩ 震下巽上

正读：益卦与损卦是一对偶，是一对矛盾。卦象与卦义都彼此反对。讲损，必涉及益；讲益，必涉及损。损，指损下益上；益，损上益下。损己益人，损卦已有论述，益卦更进一步论述两者的矛盾关系。只不过，益卦更多地从增益的角度阐述罢了。

**卦辞：益，利有攸往，利涉大川。**

正读：益，字形像水从器皿中溢出。充满而溢出，有增益之义。只要损上益下，有增益之心，定会利于有所行动，有所作为，利于做大事，大干一番。

乾卦在上，把乾卦上面一爻放在坤卦最下一爻，把坤卦的最下一爻放到乾卦的最下一爻，这就是损上益下。是从卦象说益卦之卦义。《彖传》云：“益，损上益下，民说（悦）无疆。自上下下，其道大光。……中正有庆……与时偕行。”孔子以为，益下是增益于民，所以民悦无疆。自上而下的增益是光大正义的行为，值得赞扬，值得庆幸。增益之道，要与时偕行，掌握一个好的时机而已。

**初九：利用为大作，元吉，无咎。**

正读：要增益于民，就要利于干一番大事业，大吉大利，无有过错。

**六二：或益之十朋之龟，弗克违，永贞吉。王用享于帝，吉。**

正读：与损卦六五文字同。损卦侧重“损己”，益卦侧重“益人”。凡损己益人之事，都会吉利，大吉大利（元吉）。君王用灵龟祭祀神灵，祭祀上天上帝，祈福上苍保佑，也会获得吉祥。

**六三：益之，用凶事，无咎。有孚中行，告公用圭。**

正读：增益于民，掌握时机，最好在歉岁凶年进行，最得民心，无有过错。满怀诚意，持中道而行。进见王公得手执圭玉显示虔诚之意。意指增益于民的要诚心诚意。

**六四：中行，告公从，利用为依迁国。**

正读：实行中正之道（中行），告诫王公要顺从民意。顺民意才有利于迁移国都。这当指商王朝的多次迁都。商都迁徙“前八后五”。商祖契至成汤八次大迁徙，成汤至盘庚五次迁都，最后定都于殷（今安阳殷墟）。

**九五：有孚，惠心，勿问，元吉；有孚惠我德。**

正读：增益于民，心有诚意，乃惠民之心。不用卜问，必大吉大利。有诚意增益于民，民必感恩于我之德行。

**上九：莫益之，或击之；立心勿恒，凶。**

正读：没有谁真心去增益于民，甚至有人伤害他们。虽然有心增益于民，却不能持之以恒，必然凶险临头。

益卦讲损上益下，增益于民。诚心诚意，才有大吉大利。

## 六十四卦之四十三夬卦

䷪ 乾下兑上

正读：夬，《彖传》云：“夬，决也。”与下面的姤卦组成一对偶。卦象，五阳一阴，阴爻在上。姤卦相反，一阴而遇五阳，阴爻在下。其义也相反，夬卦讲决裂、讲分手、与小人决裂；姤卦讲男女相遇、男女交合。一分一合，彼此补充。

**卦辞：夬，扬于王庭。孚号有厉。告自邑，不利即戎，利有攸往。**

正读：从卦象看，六阳爻为乾卦之象，刚健最好。现在五阳一阴，去掉那一阴爻就最理想了。夬就是讲五阳去一阴。本应容易，但因阴爻居上，去之就难了。如同小人得势，不易对付。所以要“扬于王庭”，在君王的大堂上宣布小人的罪状，公开决裂。孚号，号是扬于王庭，孚是得到大家的信任。有厉，心有畏惧，毕竟小人难于对付。告自邑，告诉自己的部属，强攻硬打不利，但与小人决裂是有好处的。

《彖辞》云："利有攸往，刚长乃终也。"五阳再长，决去一阴，成为全阳纯刚，那才"终"了。所以利有攸往，继续前进有利。

**初九：壮于前趾，往，不胜，为咎。**

正读：初九在最下，故以趾为喻。足趾健壮，脚力好，可与小人周旋，即使不能取胜，那也只是过失而已。

**九二：惕号。莫夜，有戎，勿恤。**

正读：听到啼哭悲号之声，那是暮夜小人来寻衅闹事，不用担忧。惕，一本作"啼"，作啼哭讲。莫，暮也。莫夜，暮夜。

**九三：壮于頄，有凶；君子夬夬独行，遇雨若濡，有愠，无咎。**

正读：頄，颧骨。颧骨壮，指脸部受伤。有凶险。夬夬，当指毅然决然之态。遇雨若濡，遇大雨而衣衫湿透。愠，心怀恼怒。

**九四：臀无肤，其行次且；牵羊悔亡，闻言不信。**

正读：九三讲脸部受伤，这里讲屁股也受了伤。次且，同趑趄。走路趑趑趄趄，步履艰难。有人进言，让他给小人牵羊道歉就悔恨消亡，君子要决裂到底，并不采纳。

**九五：苋陆夬夬，中行无咎。**

正读：苋陆，古易学家多指马齿苋。马齿苋，脆而易折。夬夬如同马齿苋那样折去，还是指决裂不动摇。能秉持中道而行，也无过错。

**上六：无号，终有凶。**

正读：不用呼号。君子决意与小人决裂，最终小人会有凶险。

夬卦主旨明确，与小人决裂，绝不退缩，小人最终没有好下场。

## 六十四卦之四十四姤卦

䷫ 巽下乾上

正读：姤卦之“姤”实为“遘”字。帛书《易经》作遘，《杂卦传》也用这个“遘”。本字是“冓”。冓，交媾之象形。夬卦讲君子与小人决裂，姤卦讲男人与女人交合，其义相反，组成一对偶。夬卦五阳一阴，姤卦一阴五阳，卦象相反。男女相合，女性是主体，择偶、乞子、怀孕、产子，都是以女性为中心。

姤卦以物象、隐喻说明事理，这也是《易经》常用手法。涉及男女交合，只能意会，不能言传。正如《诗经》所言：“中冓之言，不可说也。”

**卦辞：姤，女壮，勿用取女。**

正读：男女相遇相合是自然生理现象，如果女性强壮，不能娶为妻子。姤卦一阴五阳，一女遇五男，为壮至甚。遥想母系社会，应该正常。《易经》时代，已有“尚阳”的观念，女壮以淫，故不可娶。从人类繁衍角度看，女人不发情无淫欲，何可交合？何来后代？这种责难，失之偏颇。

**初六：系于金柅，贞吉。有攸往，见凶，羸豕孚蹢躅。**

正读：系，牵制、拴住。柅，止车之物，刹车用。这是物象，孚，信也。引申为发情。指女人发情要牵制她、控制住。正静不动，才吉利。任其前往，淫乱无度，会出现凶险。如同母猪发情一样躁动不安、踯躅不前。猪象征淫欲之物，繁殖多产，最为恰当。

**九二：包有鱼，无咎，不利宾。**

正读：包，庖也，指厨房。字面上说，厨房有鱼，用于乞子之用，不是接待宾客的。鱼是多产之物，以喻女子之生育能力。还是讲男女交合，繁衍后代。

**九三：臀无肤，其行次且，厉，无大咎。**

正读：肤，指肉。指女子怀孕臀肥乳丰，走路趑趑趄趄，有些困难，生孩子也有痛苦，所以“厉”。不过“无大咎”，不会有大的闪失。

**九四：包无鱼，起凶。**

正读：起，发生、产生之义。包有鱼，指多生孩子；

包无鱼相反，不生孩子。不生孩子的女人，产生凶险。不生育，无后代，所以“起凶”。

**九五：以杞包瓜，含章，有陨自天。**

正读：成语瓜熟蒂落。杞，一种柔软又有韧性之木，用杞条包裹瓜果，内含纹路，瓜熟从空中坠落。瓜果多呈葫芦状，还是象征女人的怀胎产子。

**上九：姤其角，吝，无咎。**

正读：卦辞讲女壮，这里还是讲强壮女人不顺从。角，指女人的不驯个性。遇上这样的女人，男子很难堪，所以“吝”，但毕竟一家人，因此“无咎”。

整个姤卦，反映上古人的婚育观念。此卦多从臧守虎说。

## 六十四卦之四十五萃卦

坤下兑上

正读：萃，聚也。萃卦讲的是聚会。君王的祭祀活动就是聚会的最好时机，聚合天下人，增强凝聚力。不难理解，“国之大事，在祀与戎”。人乃群居群处，要增强群体的齐心协力，聚合显得尤其重要。

**卦辞：萃，亨。王假有庙，利见大人，亨，利贞。用大牲吉。利有攸往。**

正读：聚合，必然亨通。君王到祖庙祭祀，保持正定之心，有利。用牛祭祀，很隆重了，必然吉利，利于前往办大事。利于见到各位大人，一起聚会，亨通。

假，通格，至也。有庙就是大庙，“有”隐含“大”义，君王到大庙主持大型祭祀。一般祭祀在祢庙，大型祭祀在祖庙，祢庙即父庙。西周实施两昭两穆五世昭穆制，最上是始祖。

**初六：有孚不终，乃乱乃萃。若号，一握为笑，勿恤，往无咎。**

正读：诚信不能始终如一，就搅乱了你们的聚会。这时候有人带头呼号，组织大家团结奋斗，“一握为笑”，大家高兴。没有了忧虑（勿恤），共同行动（往）也就无有过错（无咎）。握，帛书《易经》作“屋”，一屋子的人为之高兴。

**六二：引，吉，无咎。孚乃利用禴。**

正读：引，长也，长久之义。经常聚会，吉利，无有过错。只要有诚意（孚），利用简易的“禴祭”也是好的。古代四时之祭，禴祭即春祭，祭品较微薄。强调诚信在聚会中的重要。《周易集解》云：“禴，殷春祭名也，四时祭之省者也。”

**六三：萃如嗟如，无攸利，往无咎，小吝。**

正读：聚合在一起，有人叹息悲伤，无有益处。前往行动也无有过错，只不过会有些小麻烦。聚合是为了成就事业，只要有行动也就不错。强调“往无咎”，嗟叹则“无攸利”。

**九四：大吉，无咎。**

正读：九五乃君位，九四为臣位。无尊位而得众心，九四聚合百姓归顺九五，所以“大吉，无咎”。

**九五：萃有位，无咎，匪孚。元永贞，悔亡。**

正读：聚会的人各就其位，各安其职，无有过错，只是大众并不心悦诚服（匪孚）。只有君王（元）坚持（永）正义（贞），悔恨才会消失。

只能说，利益不均，位有不当，才会出现“匪孚”的效应，引起心中的不满。这是指聚会应该高度重视的问题。必须论功行赏，各得其所。

**上六：赍咨涕洟，无咎。**

正读：赍咨，感叹。涕洟，哭泣。感伤，痛哭，是因为无由聚合而孤苦，不是他个人的错，所以“无咎”。爻位说者以为，上六是孤臣孽子，不得所萃，乃不得于君亲者。不能参与聚合，君王也不亲近他，所以“赍咨涕洟”。小人不得与会之义。录此供参考。

## 六十四卦之四十六升卦

䷭ 巽下坤上

正读：萃卦与升卦组成一对偶。萃卦坤下，升卦坤上；兑反过来便是巽，卦象相反。萃卦讲聚合，身份相等，升卦讲上升，身份有高下了，卦义相反。所以《序卦传》云："萃者聚也。聚而上者谓之升，故受之以升。"

**卦辞：升，元亨。用见大人，勿恤。南征，吉。**

正读：上升，大为亨通。利于出现大人物，不用忧虑，向南方发展才会吉利。升卦，巽下坤上，巽为风，风是主象。巽又象征高大树木，所以《象传》云："地中生木，升。君子以顺德，积小以高大。"这是孔子以卦象阐释君子之品德，犹如地中生木，逐日高大，最终完美。南征，不必释为昭王南征、穆王南征，当指太王迁岐之后又南向发展，扩大周原地盘。

**初六：允升，大吉。**

正读：初六巽主居下，犹木之根也。下得地气滋养，其升也允矣。巽木在初六之地，宜于升长，故"大吉"。允升，宜于生长，允其升长。

**九二：孚乃利用禴，无咎。**

正读：内心虔诚（孚），即使用节俭的禴祭，也无过错。《象传》云："九二之孚，有喜也。"有喜，有喜庆之事，明指有升迁、上升之喜。

**九三：升虚邑。**

正读：朱子《本义》说：“坤有国邑之象。”是说岐山之初，选贤举能，提升你，封个地盘，徒有虚名，并无实利。你看那周南、召南，多大的封地？但毕竟迁升了，《象传》补充：“无所疑也。”迁升是不用怀疑的，无实利而已。

**六四：王用亨于岐山。吉，无咎。**

正读：君王到岐山祭祀神灵，吉祥，无过失。《象传》补充：“王用亨于岐山，顺事也。”祭祀神灵，是向神灵表达自己的恭顺之意。

要是周公作爻辞的话，这个王当然是指周文王啦！

**六五：贞吉，升阶。**

正读：正而得吉。文王沿着台阶稳步上升，升阶至堂。《象传》补充：“贞吉升阶，大得志也。”上升到最高处，踌躇满志，近乎光辉之巅。

**上六：冥升。利于不息之贞。**

正读：六爻过甚。物极必反，再上升，如同做梦。冥升，梦里升迁吧。只利于永不停步的坚守忠正之道。

《象传》云：“冥升在上，消不富也。”消不富，金老说“不好讲！”消富，逐渐消损那富有的进取精神。不富，没有那进取精神了。指不切实际，梦想迁升，就会消损进取之心，最终失去那进取之心。

## 六十四卦之四十七困卦

䷮ 坎下兑上

正读：困卦与井卦组成一对偶。《象传》云：“泽无水，困。”又云：“木上有水，井。”无水为困，有水为井。义相反也。困卦坎下，井卦坎上，兑卦反过来是巽。困卦兑在上，井卦巽在下，卦象相反。

困卦讲人生困顿，处处不通，有如牢狱之灾。

**卦辞：困，亨。贞大人吉，无咎。有言不信。**

正读：人在困顿之中，走向亨通，有一个艰苦过程。由困而亨，只有德才兼备的君子可以做到。所以《象传》说：“困而不失其所亨，其唯君子乎！”这就是“贞大人吉，无咎。”身处困穷，申诉你的冤屈，别人不理，这是“有言不信”。人在困顿中，有冤无处申。

**初六：臀困于株木，入于幽谷，三岁不觌。**

正读：株木，指刑具用的板子。屁股受杖刑，又投放在幽深的山谷中，三年见不到人。《周礼·秋官》：“能改者，上罪三年而舍。”可见是犯了上罪，要关三年。

**九二：困于酒食，朱绂方来。利用享祀。征凶，无咎。**

正读：处在缺少吃喝的困境，饿得不行了，才有穿着红色短衣的人送来饮食。饮食太少，如同祭祀的贡物。想跑、逃离（征），会有凶险。只好忍着，不征，方才“无咎”。

**六三：困于石，据于蒺藜，入于其宫，不见其妻，凶。**

正读：臧守虎引《周礼·秋官》云：“耻诸嘉石，役诸司空。”石，指嘉石。放在嘉石上示众以羞辱之。拘禁于蒺藜之间几天，回到家中，见不到妻子，凶。

**九四：来徐徐，困于金车，吝，有终。**

正读：臧守虎引《释名》云：“金，禁也。”金车即禁车，囚车。拘禁在囚车上，囚车缓缓地移动。那是确有过错（吝），最终走上正道（有终）。

**九五：劓刖，困于赤绂，乃徐有说，利用祭祀。**

正读：受到割鼻子，断足趾的刑罚，又受到穿着朱红色短衣的虐待，终于摆脱了困境，恢复自由。得用祭祀来报答上苍的护佑。说，通“脱”。

**上六：困于葛藟，于臲卼，曰动悔，有悔，征吉。**

正读：葛藟，藤蔓植物。臲卼，不安的样子。困顿于葛藟之中，进退艰难。如果有行动，会后悔。有了悔悟，再行动才有吉祥。

困卦讲种种困顿，即人生经历种种磨难。正如《象传》所说：“君子以致命遂志。”君子为实现自己的志向，不惜牺牲生命，何况乎困顿?

## 六十四卦之四十八井卦

䷯巽下坎上

正读：《彖传》解释卦名："巽乎水而上水，井。"巽为木，巽入于水下，上面是坎水，这是井卦。《大象》云："木上有水，井。"这是以卦象解释卦名。

井水养人，养人无穷。程传云："汲之而不竭，存之而不盈。"取之不尽竭，不取也不满溢，有水的滋养，人则无困，所以井卦与困卦为一对偶。

汲水养井，井卦从整治水井为说，直至井水清甜可食。

**卦辞：井，改邑不改井。无丧无得，往来，井井汔至，亦未繘井，羸其瓶，凶。**

正读：井，象征井水无穷无尽。城邑可迁移，水井搬不走。井水不枯竭（无丧），也不满溢（无得）。来来往往的人到井里取水。汔，接近。繘，出。汔至，接近井口，亦未繘井，打水的水瓶还未提出井来。羸其瓶，取水的瓶（陶罐）坏了，这不是凶嘛！

这是说，汲水并不完全顺利，免不了出些事故，所以水井得修护保养，才有井水的无穷无尽。

**初六：井泥，不食。旧井，无禽。**

正读：水井泥堵，无法用了。废弃的旧井，禽兽也不喝它的水。

**九二：井谷射鲋，瓮敝漏。**

正读：谷，指井底出水的穴。射，注。鲋，指小鱼小虾之类。指井底居然有了小鱼虾。汲水的瓮破损又漏水，不能用了。

**九三：井渫不食，为我心恻。可用汲，王明并受其福。**

正读：渫，疏通。水井淘干净，无人来汲水，让我失望。井水可以食用，人人可尽情享用，如同君王贤明，让大家享受他的福分一样。

**六四：井甃，无咎。**

正读：甃，用砖砌。水井砖砌，修治完好，没有过错。

**九五：井洌，寒泉食。**

正读：井水清澈，像凉爽的泉水一样可供天下人饮食。《象传》云："寒泉之食，中正也。"九五处尊位，饮用清爽的井水，滋润万物，造福万民，象征行为品格中正，纯正无私，所以"中正也"。

**上六：井收，勿幕；有孚，元吉。**

正读：水井治理完毕（收），不要盖上井口（勿幕），意指人人可享用，随时可享用。只要心怀诚信，必然大吉大利。

井卦讲养井养人，事业会获得巨大成功。《象传》云："元吉在上，大成也。"也是这个意思。

## 六十四卦之四十九革卦

䷰离下兑上

正读：革卦的解读于1986年6月7日完成于吉林大学干训楼402室。那时金老的《周易》讲座几近结束，学习一年的课业得有一个总结文字，便写了这篇文章，以示学习之心得体会。其体例基本按金老的讲授模式。后来收录《辛巳文存》中（26—31页）。现今一字不改录于此，补充革卦之文，借以回忆。屈指一算，三十余年矣！

### 从革卦谈《周易》

《周易》的哲理是丰富的，其朴素的辩证因素和唯物观点尤为突出。这里以革卦为例作一分析，探讨《周易》哲理的一个光点，以窥一斑。

革，䷰离下兑上。离为火，兑为泽，泽火革。程传云：“革，变革也。水火相息之物，水灭火，火涸水，相变革者也。火在下，水在上。相就而相克，相灭息者也，所以为革也。”非常明显，水火不容，必生革变。《彖传》云：“水火相息，二女同居，其志不相得。曰革。”易象说，兑为少女，离为中女。中女居下而少女在上。其势不上下，此所以其志不相得，情同水火不容，必变。内卦外卦，水火不容，革变是必然的。

革变有自然的，有社会的两个内容。《尚书·尧典》

“鸟兽希革”，《诗经·斯干》“如鸟斯革”。希革，言鸟兽羽毛稀疏。这是自然界的物类四时羽革的变易。《尚书·洪范》“金曰从革”，这是人为的变易。从革卦内容看，阐述的是社会人世的重大改变，或者说政治变革。所以，这个“革”，不是一般的变易。变革，是剧变，是革命，是政治性的根本改变。

卦辞：巳日乃孚，元亨利贞，悔亡。

《彖传》曰：“巳日乃孚，革而信之。文明以说，大亨以正。革而当，其悔乃亡。天地革而四时成，汤武革命顺乎天而应乎人。革之时大矣哉。”

《周易折中》引李简说：“巳日者，已可革之时也。先时而革，则人疑而罔孚，故巳日乃孚。”又引何楷说：“所以云巳日者，就革天下之事，不当轻遽，乃能孚信于人。”这是说任何重大的政治改革，不可轻举妄动，因为它产生的影响巨大，要做好充分的准备，等待时机，取得民众的信任，改革才会顺利。

程传云：“弊坏而后革之，革之所以致其通也，故革之而可以大亨，革之而利于正道，则可久而得去故之义。”李简说：“穷则变，固有大通之道，而利于不失正也。正则其悔之矣。”这儿将进行政治变革的原因说得一清二楚：除弊坏，即“去故”。变革的目的也很明确：致其通，由穷而大通。有如成汤、周武王的革命，改革腐败了的社会，救民于水火中。这样的政治大革命，既顺应社会发展规律，又符合生产力发展的要求，或者说上顺天命下合民心。这种去故的革命包含着巨大的意义，使政治由穷困之境走上大通之道，由腐朽凝滞变为健康畅达，十足的除旧布新。这样的革命，理应受到赞美，欢呼：革之时（义）大矣哉。如果从形而上的观点去看，以下犯上，以臣弑君，都是违背儒家政治准则的，本应大加挞伐，而彖辞作者于此高度赞扬汤伐桀、武王伐纣，将成汤革命与“天地革而四时成”作等量观。这本身就是儒家的一种进步观念。这样来理解革卦的丰富思想，才算得其真谛。

《大象传》说：“泽中有火，革，君子以治历明时。”事物到了非革不可的时候，就不以人的意志为转移了。变革尤如治历，以观察日月星辰的运转来调配春夏秋冬四时的周而复始。“天之历数在尔躬”，历数象征着王权，社会变革就是如此重要，又如此不可避免。一切圣哲，理应推动社会变革，顺乎天道，站在时代的前列。这是一切革命者应有的态度。

社会变革是重大的革命行动，决非轻易可以成功，需经种种曲折艰难，稳步前进，兢兢业业，取得胜利。爻辞从初九到上六就反映了这一变革的整个过程。

初九：巩用黄牛之革。

《象传》曰：巩用黄牛，不可以有为也。

程传曰：“变革，事之大也，必有其时，有其位，有其才，审悉而慎动，而后可以无悔。……动于事初，则无审慎之意，而有躁易之象。”

《本义》云：其占为当坚确固守，而不可以有为，圣人之于变革，其谨如此。

《折中》引干宝说：“在革之初，未可以动，故曰巩用黄牛之革。”

这是说，任何变革行动，都得有充分的准备酝酿，不宜急躁盲动，当谨慎从事。初九一爻，就指这个酝酿时期。小象“不可以有为也”，这个初始阶段不宜有任何行动。凡事，慎于始，十分重要。

六二：巳日乃革之，征吉，无咎。

《象传》曰：巳日革之，行有嘉也。

《折中》引熊良辅说：“六二为内卦之主，故卦辞之巳日，见之于此。卦曰巳日乃孚，爻曰巳日乃革者，孚而后革也。”《本义》云：“六二柔顺中正而为文明之主，有应于上，于是可以革矣，然必巳日然后革之，则征吉而无咎。戒占者犹未可遽变也。”俞琰说：“未当革而遽往，适以滋弊耳，何嘉之有！必往于巳日当革之时，则其行有嘉美之功。”这是说，变革的准备必须充分，才可以行动。但不可冒进，不可剧变，要稳扎稳打，不急于贪功求利，方有嘉美之功。

九三：征凶，贞厉，革言三就，有孚。

《象传》曰：革言三就，又何之矣。

《折中》引龚焕曰：“九三以过刚之才，躁动以往则凶，处当革之时，贞固自守则厉。惟于改革之言，详审三就，则既无躁动之凶，又无固守之厉，得其时宜，所以可革也。”又引吕大临说：“革之有渐，革道以成。故曰革言三就。至于三则民信之矣，故有孚。”程传：“事之当革，若畏惧而不为，则失时为害。”

九三一爻至关改革成败。一切准备就绪，革命处于千钧一发，若盲目行动必凶，固守退缩也有危险。变革的第一步，须恰到好处，才会有接二连三的胜利，得到民众的信任。

九四：悔亡，有孚改命，吉。

《象传》曰：改命之吉，信志也。

程传："事之可悔而后革之，革之而当，其悔乃亡也。革之既当，唯在处之以至诚。故有孚则改命吉。既事当而弊革，行之以诚，上信而下顺，其吉可知。"《折中》引龚焕说："革以有孚为本，信足以孚乎人心，则可以改命而得吉矣。"这一爻说：改革要步骤得当，一切困难可以克服，改革要讲道德诚信，才能取得成功。

九五：大人虎变，未占有孚。

《象传》曰：大人虎变，其文炳也。

程传："龙虎，大人之象也……以大人中正之道变革之，炳然昭著，不待占决，知其至当，而天下必信也。天下蒙大人之革，不待占决，知其至当而信之也。"《折中》引郑汝谐曰："革之道，久而后信，五与上其革之成乎。"引俞琰说："虎之斑文大而疏朗，革道已成，事理简明，如虎文之炳然。"这一爻说，革命已取得成功，成绩昭著，获天下人的拥护，人心所归，不占而吉。这归功于像成汤、周武王这些"大人"的倡导和组织。

上六：君子豹变，小人革面，征凶，居贞吉。

《象传》曰：君子豹变，其文蔚也。小人革面，顺以从君也。

程传：革之终，革道之成也。

《折中》引孔颖达曰："居革之终，变道已成。君子处之，虽不能同九五革命创制，如虎文之彪炳，然亦润色鸿业，如豹文之蔚缛。故曰君子豹变也。小人革面者，但能变其颜色，容色顺上而已。革道已成，宜安静守正，更有所征则凶，居而守正则吉。"龚焕说："九三与上六皆曰征凶，而有贞厉贞吉之殊者，三之征凶，戒其不可安动也；上之征凶，谓事之已革者，不可复变也。三当革而未革，故守贞则厉，上已革而当守，故居贞则吉。三，革道未成；上，革道已成故也。"尚秉和说："君子豹变者，谓革命后佐命之勋，皆得封拜而有茅土，尊显富贵，易世成名，故曰豹变。小人革面者，谓革命之后，除旧布新，小民皆改易其视向也。"

上六一爻说，革命既已成功，君子得到重用，封拜尊显，小民改移视向，顺命新君。经过一次大的社会变革，人心思治，就必须稳定社会秩序，不能再有动荡。再继续变革下去，必致凶危。如果安定下来，整顿而求发展，必当吉利。

总观六爻，层次深进，将革命的发展过程展示得明明白白。《折中》引龚焕说："初言巩用黄牛，未可有革者也。二言巳日乃革，不可遽革者也。三言革言三就，谨审以为革者也。皆革道之未成也。四言有孚改命，则事革矣。五言大人虎变，则为圣人之神化矣。上言君子豹变，小人革面，则天下为之丕变，而革道大成矣。"

从以上的引证分析可以看出：

1. 事物发展到一定阶段，必有突变。就社会人世而言，汤武那样的革命也是不可避免的。任何持辩证观点者都应该对这种社会变革加以赞扬，大声疾呼，推波助澜，《周易》作者正是取这种态度。

2. 在进行重大社会变革的全过程，要始终头脑清醒，运用正确的策略。既有远大目标，革命到底，又能逐步施行，稳步前进；既审慎周密，又刚决果断；既不轻举妄动，又不固守徘徊。一个阶段又一个阶段地走向胜利。六爻由初至上，表达得最为明晰。

3. 革命成功，领袖人物（大人）受到拥护，功臣（君子）得到重用，老百姓心悦诚服，结束了大的动荡，必须安定团结，巩固已得的胜利，才符合社会本身的发展。

这就是革卦所体现的《周易》朴素的辩证观，不能不说它已经接触到了客观事物发展的本质规律。

这在今日看来浅显的道理，产生在两千多年前的《周易》之中，不能不令人惊叹。

## 六十四卦之五十鼎卦

巽下离上

正读：革卦与鼎卦是一对偶卦。革的卦象离下兑上，巽反过来就是兑。一个离在下，一个离在上，卦象相反。革卦讲变革，讲革命，鼎卦讲稳定，讲巩固。所谓“革故鼎新”，义相反也。

**卦辞：鼎，元吉，亨。**

正读：鼎，象征稳定。《象传》云：“木上有火，鼎。

君子以正位凝命。”卦象是巽（木）下离（火）上，为木上烧着火之象，意象是烹饪，称为鼎。鼎是用来烹饪的，鼎有大小之分，禹铸九鼎，那是国家权力的象征，那是大鼎，一般烹饪用的是小鼎。鼎为三足，三足最为稳定。君子正位，像鼎那样端正稳重。革故鼎新，《杂卦传》云：“革，去旧也。鼎，取新也。”革，去掉旧的；取新，建设新的。取新得凝命，凝就有稳定新物之意。

**初六：鼎颠趾，利出否；得妾以其子，无咎。**

正读：鼎足颠翻，利于倒出（出）鼎中污废之物（否）。娶妻可以生子，妾为贱物，也可坏事变好，生个儿子也好。如同鼎足颠翻，当然不好，但倒出了污物，也是坏事变好。

**九二：鼎有实，我仇有疾，不我能即，吉。**

正读：鼎里装满食物，我的对手嫉妒我，想加害我，但他却不能靠近（即）我。我始终安全，如同“鼎有实”，无虑无忧，吉。

**九三：鼎耳革，其行塞，雉膏不食。方雨亏悔，终吉。**

正读：鼎的耳部脱落，鼎器无法移动，鼎中精美食物（雉膏）不能享用。待到阴阳合雨水落，才能消除（亏）悔恨（悔），最终获得吉祥。

**九四：鼎折足，覆公𫗧，其形渥，凶。**

正读：鼎折断了足，王公鼎里的美食倾倒了。𫗧，鼎中食品，和米的肉羹。渥，沾湿，沾润。其形渥，指食物倾覆，鼎旁湿漉漉的，汁沈淋漓之状。

**六五：鼎黄耳，金铉，利贞。**

正读：鼎已有黄色鼎耳，配上金色的鼎杠，随时可以移动。但还是利于坚守静定（贞），不动为好。《象传》云："鼎黄耳，中，以为实也。"是说六五爻居中，正位，尊位，可以获得实惠。

**上九：鼎玉铉，大吉，无不利。**

正读：鼎配上玉制的鼎杠，大吉大利，无有不利。

六五阴爻，上九阳爻。《象传》云："玉铉在上，刚柔节也。"玉制鼎杠在上，表示刚柔相济，彼此调节。阴阳协调自然是"大吉，无不利"。玉铉，廖名春氏认为是玉制鼎盖。鼎身为明君，玉盖为贤辅，君臣和谐，刚柔相济。并引帛书《二三子》孔子的话，"明君位正，贤辅弼之，将何为而不利？故曰大吉"，以证之。亦可从。

注：六十四卦之五十一震卦（见八经卦）

六十四卦之五十二艮卦（见八经卦）

## 六十四卦之五十三渐卦

艮下巽上

正读：渐卦，讲循序渐进之礼。凡事皆有序，依次而进，渐进之义。渐卦与下归妹卦为一对偶。风（巽）山（艮）渐，倒过来变成雷（震）泽（兑）归妹。

渐是嫁，归妹是娶。古代有侄娣制度，渐卦讲嫡，归妹讲侄娣。这是金老的独到见解。

**卦辞：渐，女归吉，利贞。**

正读：女归指女子嫁人，女子嫁人，渐则吉，利于正。渐的过程有先后六个礼节：纳采、问名、纳吉、纳征、请期、亲迎。“女归不以渐则奔”，渐则为归。六礼不成，速则为奔。女归速便不吉利了。女子嫁人，得按六礼，一步一步完成，则为吉利。

**初六：鸿渐于干。小子厉，有言，无咎。**

正读：渐卦六爻都以鸿（大雁）为物象。雁行来有时、去有向，最能体现循序渐进之义。干，指岸，河边、水边。鸿飞到水边，小儿认为有危险，就说话了（有言）。实际是对的，应该飞来停到水边，所以“无咎”。

**六二：鸿渐于磐，饮食衎衎，吉。**

正读：磐，磐石。衎衎，安然自得。鸿雁飞起，渐渐停在了磐石上，悠然自得地找吃找喝，吉祥。

**九三：鸿渐于陆，夫征不复，妇孕不育，凶。利御寇。**

正读：鸿雁飞起，又停在了高地。丈夫出征没有回来，妻子怀孕后难于养育，凶险。只有赶走强寇才利于夫妻相会，家庭和睦。

**六四：鸿渐于木，或得其桷，无咎。**

正读：鸿雁飞起来，又停在了高树之上，那当是落到了桷木上了，故“无咎”。

**九五：鸿渐于陵。妇三岁不孕，终莫之胜，吉。**

正读：鸿雁飞起，停在高岗上。犹如丈夫远行，女子嫁人三年没有怀孕，最终夫妇聚合，获得吉祥。

**上九：鸿渐于陆，其羽可用为仪，吉。**

正读：为仪，为礼仪，指循序渐进之礼仪。其羽，羽毛，实指飞翔。上九爻是总结，是主题。鸿雁飞行有序，如同女子嫁人要讲究先后六个礼节才完美可行。鸿雁停于水岸，进而停于磐石，进而停于高地，进而停于高高的桷木，进而停于高岗，循序渐进，对应女嫁六个礼节，相向而行，不可乱了序次。这就是渐卦之“渐”。

## 六十四卦之五十四归妹卦

兑下震上

正读：归妹卦与渐卦是相反，渐卦完全倒过来就是归妹卦。归，之子于归，就是嫁女。妹，妹儿，少女的通称。少女出嫁，叫归妹。归妹卦，上雷（震）下泽（兑）之象，如同《山海经·海内东经》所引：“大迹出雷泽，华胥履之而生伏羲。”雷泽是婚媾的象征。

**卦辞：归妹，征凶，无攸利。**

正读：少女嫁，彼此联姻，对双方都有利。相反，相互攻伐（征），都会凶险，双方都无好处。文姬嫁匈奴，文成公主嫁吐蕃，都是联姻息战的政治婚姻。

金老说：“诸侯一娶九女，不但有媵，还有侄娣。”侄娣都得嫁过去，当时是正常合理的。归妹卦反映的就是这种婚姻事实。

《彖传》云：“归妹，天地之大义也。天地不交而万物不义。归妹，人之终始也。”少女出嫁是普天下最正当不过的大事。男女交合，人类繁衍，始终生生不息。《象传》云：“泽上有雷，归妹。君子以永终知敝。”永终，一代一代往下传。敝乃“终”的反面，敝是坏，敝则不能有终，不能代代相传。故，归妹是传宗接代的大事。

**初九：归妹以娣。跛能履，征吉。**

正读：这个娣就是侄娣之娣。《公羊传》云："侄者何？兄之子也。娣者何？弟也。"弟，女弟，指妹妹。姐姐嫁诸侯，妹妹要从嫁，从嫡而归。《象传》解读初九云："归妹以娣，以恒也。跛能履，吉相承也。"随姐姐从嫁，很正常之事。如同跛者，一条腿也能走，不完美，但辅佐做诸侯的姐夫，安守本分，也为吉祥。

**九二：眇能视，利幽人之贞。**

正读：眇能视，与跛能履一样，虽不完美，但利于幽居幽处，持正安详。

**六三：归妹以须，反归以娣。**

正读：妹妹等着想做正室，结果嫁出去还是做了偏房。须，等待。

**九四：归妹愆期，迟归有时。**

正读：待嫁的少女错过出嫁时机，只有延迟时日，静待好时机再嫁。

**六五：帝乙归妹，其君之袂不如其娣之袂良。月几望，吉。**

正读：帝乙，纣王之父。帝乙的小女儿出嫁，虽也是偏房，但服饰华美，超过了正室。如同月亮到十六（既望），十分圆满，吉祥如意。

**上六：女承筐无实，士刲羊无血，无攸利。**

正读：女子提着筐，里面空空无物，男子杀羊，不见血腥，都没有得到实际好处。这是正话反说，女子出嫁要依礼而行，违背礼仪，会两手空空，什么也得不到。刲，割。

归妹卦反映上古婚姻的一种形式，妹从姐嫁，做偏房。帝王女儿也不例外。如果违背礼仪，得不到任何好处。这当然是诸侯贵族的婚姻事实，远古群婚制的残余。

## 六十四卦之五十五丰卦

䷶ 离下震上

正读：丰卦卦辞有“日中见斗”，大多认为是讲古代日食。如果对读《尧典》的“四仲中星”：“日中星鸟，……日永星火，……宵中星虚，……日短星昴。”日中显然指的是春分时节、春天季节，以此为说，理解就大不一样。

先民穴居洞处，尤其是到隆冬季节，难于出来。春天来了，要播种，要觅食，必须走出洞穴。怎么确定春季的到来？得在洞外搭个棚子，夜观天象。远古观天象，主要是观北斗星的位移。日中见斗，指春季观察北斗星。

丰，大也，多也。野外搭个棚子，多多盖些草叫作“丰其蔀”。蔀是遮盖，避雨挡风，就是造个住处。所以，丰卦讲的是修个屋子，可以住人。与下面旅卦形成一对偶卦。旅卦讲行，丰卦讲止，义相反也。与“日食”无涉，更不是什么“古代太阳黑子的记录”。

**卦辞：丰，亨，王假之，勿忧，宜日中。**

正读：丰卦讲在野外造房子居住，顺达亨通。头领（王）也来（假）了，不用忧虑无食，适宜在春季播种，开始农耕。《象传》云："明以动，故丰。"卦象解读：下体是离，离为火，表示明。上体是震，震为雷，表示动。即春日阳光明媚，宜于人们的耕作劳动。

**初九：遇其配主，虽旬无咎，往有尚。**

正读：遇上彼此相当的伙伴，可以共同生活，共同劳动。虽然往上十天（旬）半月，也无过失。继续行动（往），主要指耕种、觅食，会受到尊重（尚）。

**六二：丰其蔀，日中见斗，往得疑疾，有孚发若，吉。**

正读：盖个棚子，春天夜晚观察北斗星，做其他事会受到猜疑，得靠你的诚信感动其他人，便会吉祥。

**九三：丰其沛，日中见沫，折其右肱，无咎。**

正读：沛，旆，指幡幔。指房屋外围的包装。还是修建住房。丰其蔀，指房子上面的搭建。日中见沫，沫，指北斗之外的星星。春天夜晚观天象，星星不少。不小心折断右臂，没有过错。右肱，右臂。

**九四：丰其蔀，日中见斗。遇其夷主，吉。**

正读：盖个棚子，春天夜晚观察北斗星。夷主，仁主，仁君。遇到仁君，当然吉。

**六五：来章，有庆誉，吉。**

正读：章，即彰。指春后阳光灿烂。值得庆祝赞誉。

**上六：丰其屋，蔀其家。窥其户，阒其无人，三岁不觌，凶。**

正读：窥，偷看。阒，寂静。觌，相见。搭个屋子，建个家室，那是要定居下来的。从门缝中窥探，却空无一人。多年不见人，凶险啦！农耕社会必然定居，游牧时代则游动不已。这反映游牧到农耕时代的过渡。修建房屋住下来，有人不习惯还在游走，有房子的也多年不住，那就凶险了。

这是否定游牧生活，赞赏定居的农耕社会。

## 六十四卦之五十六旅卦

䷷ 艮下离上

正读：丰与旅这两卦是反对的。卦象一个离在下（丰），一个离在上（旅），震（☳）反过来就是艮（☶），卦象相反。丰讲住所，旅讲羁旅，其义相反。旅卦主要讲贵族被迫流亡于外。因旅而兴，如晋文公流亡十九年终于回国做了国君。因旅而丧就更多了，所谓客死他乡。这就是《象传》所谓“旅之时义大矣哉”。

**卦辞：旅，小亨，旅贞吉。**

正读：羁旅在外，只有短暂的安宁顺畅（小亨），旅途能够得正（贞），得正则吉。

**初六：旅琐琐，斯其所取灾。**

正读：旅居在外，免不了行为猥琐卑劣，这是（斯）他招致灾祸（取灾）的主要原因。

**六二：旅即次，怀其资，得童仆贞。**

正读：即次，得到住所。旅途中有了住所，又有资财，还有可信赖的童仆。

**九三：旅焚其次，丧其童仆贞，厉。**

正读：旅途中住所失火，丧失了照顾自己的童仆，也失去了正道（贞），出现危险（厉）。这是一个双宾语句，丧童仆又丧贞。与六二爻“得童仆贞”句式一样，得童仆又得其贞。

**九四：旅于处，得其资斧，我心不快。**

正读：旅途中那个住地是暂时的栖身地，虽然得到一笔资财，心情并不愉快。

**六五：射雉，一矢亡。终以誉命。**

正读：射野鸡，射中了而野鸡带箭（矢）而去，但最终得到善射的美誉。

**上九：鸟焚其巢，旅人先笑，后号咷。丧牛于易，凶。**

正读：鸟巢失火被烧掉，羁旅之人先喜悦欢笑，以为可以结束旅居返乡了，结果还是不能回家，又号啕大哭起来。如同旅途中丢掉了牛，很是危险。

《象传》云：“以旅在上，其义焚也。丧牛于易，终莫之间也。”那是说，羁旅在异国他乡，却高处在上，居高位享荣华，必然遭遇焚巢之灾。如同牧人丢失了牧养的牛，悲剧的结局是无可挽回的。

旅卦讲行旅之难，身处异国他乡，稍有不慎，便有灭顶之灾。正如《周易折中》引蒋悌生说：“凡卦爻阳刚皆胜阴柔，惟旅卦不然。二、五皆以柔顺得吉，三、上皆以阳刚致凶。六爻，六五最善，二次之；上九最凶，三次之。九四虽得其处，姑足以安其身而已，岂得尽遂其志！”这是爻位说，可以体味爻辞的意义。

注：六十四卦之五十七巽卦（见八经卦）
　　六十四卦之五十八兑卦（见八经卦）

## 六十四卦之五十九涣卦

坎下巽上

正读：“国之大事，在祀与戎。”戎事得齐心协力，不得松懈。总有不打仗的时候，也就是放松、涣散的时候。涣卦所论，则是如何应对涣散、松散。无戎事则祀，搞宗庙聚会，祭祀祖宗神灵，增强其凝聚力。这是涣散中的小聚，是消极中的积极。涣散中的方方面面，都在涣卦中显现。

**卦辞：涣，亨。王假有庙，利涉大川，利贞。**

正读：不打仗了，心情放松了，亨通顺畅啊。君王来到（假）宗庙进行祭祀，把族人的人心凝聚，利于渡过大河急流，利于正定守静。

《象传》云："风行水上，涣。先王以享于帝立庙。"涣卦的卦象是坎（水）下巽（风）上，为风行水上之表象，象征涣散、松散。前代先王为归拢收合人心便修宗庙，祭祀祖宗神灵。

**初六：用拯马壮，吉。**

正读：如同借助健壮好马来补充能力之不足，可以获得吉祥。这是说，立庙祭祀的作用。

**九二：涣奔其机，悔亡。**

正读：不打仗的时候，要抓住拢收人心的好时机，悔恨便会消失。

**六三：涣其躬，无悔。**

正读：在不打仗的时候，自身（躬）怎么想怎么做呢？无悔恨吧！《象传》云："涣其躬，志在外也。"志在外，志向在外，还有许多与打仗无关的事要干。是说，大家都不是专职军人，还各有职事，不打仗了，还得该干啥干啥。

**六四：涣其群，元吉。涣有丘，匪夷所思。**

正读：苏洵说："夫群者，圣人之所欲涣以混一天下者也。"不打仗的时候，圣人明君搞祭祀聚一聚（群），大吉大利之事。涣散中，又聚合（丘，聚也）。匪夷所思，岂常人思虑之所及乎！散中有聚，常人是想不到的。

古人就是这样看待"国之大事，在祀与戎"的，给予高度肯定。

**九五：涣，汗其大号，涣王居，无咎。**

正读：不打仗的时候，像汗水挥发一样发布重大号令。不打仗的时候，君王的居所没有损失，平平安安。

**上九：涣，其血去。逖出，无咎。**

正读：不打仗了，不会流血牺牲。逖，一本作“惕”，逖出，需要小心谨慎。没有过错。《象传》云：“涣其血，远害也。”不打仗，那血不流了，子弟们远离了伤害。

涣卦讲不打仗的积极意义，并非松松垮垮，一盘散沙。涣中有聚，更要聚合人心。

## 六十四卦之六十节卦

䷻兑下坎上

正读：节卦与涣卦对偶。涣卦坎下，节卦坎上，巽翻过来就是兑，卦象相反。涣卦讲松散、涣散，节卦讲节止、制止，义相反也。

《序卦传》云：“涣者离也。物不可以终离，故受之以节。”涣是离，节是不离，相互反对。

《杂卦传》云：“节，止也。”孔颖达说：“节者，制度之名，节止之义。制事有节，其道乃亨。”

**卦辞：节，亨。苦节不可贞。**

正读：金老引孔颖达说："制事有节，其道乃亨，故曰节亨。节须得中，为节过苦，伤于刻薄，物所不堪，不可复正，故曰苦节不可贞也。"又引程传："节有亨义，节贵适中，过则苦矣。节至于苦，岂能常也。不可固守以为常，不可负也。"

节止要适中，恰到好处，不过分。过分了就变成苦节，苦节不可长久，就是不可贞。贞在这里就是长久之义。

查慎行说："圣人欲维其道于不穷，故节之义不取苦而取甘，不于贞而于亨。"苦节、甘节，相对而言。甘节可久，苦节不可久。

**初九：不出户庭，无咎。**

正读：节卦兑下坎上。兑为泽，坎为水，泽上有水为节。水是流动的，有行有止。当节之初，知其时未可行，"不出户庭"，节而能止，故"无咎"。《象传》云："不出户庭，知通塞也。"初九不出户庭，知塞；知塞而不知通，就不好了。所谓通塞，亦即行止之义。

**九二：不出门庭，凶。**

正读：接着初九说，节之初，节而能止，知塞，无咎。知塞而不通，"不出门庭"，则凶矣。初爻在泽底，不出宜也，二爻指泽中，不可闭塞不出。言当通不通，则失时也。所以《象传》云："不出门庭凶，失时极也。"行与止，当把握时机。得时则宜，失时则凶。

**六三：不节若，则嗟若，无咎。**

正读：不能够节制，但能够为之嗟叹，也就无有过错。

**六四：安节，亨。**

正读：心安理得地实行节制，故而亨通。

**九五：甘节，吉，往有尚。**

正读：甘节，以节制为甘，意动用法。以节制为甜美之事，乐在其中，享受节制的甜美快乐。与苦节对照，以……为苦，感受切然相反。甘节，吉祥。前行（往），会受到赞誉（尚）。

**上六：苦节，贞凶，悔亡。**

正读：苦节，有被逼迫而节制之义，以之为苦，并非乐事。这样下去真正会有凶险。如果以苦节为戒，幡然悔悟，从此节制自身，不以为苦，则凶险可能消失。如程传言：“固守则凶，悔则凶亡。”

《周易折中》按语说：“下卦为泽为止，故初、二皆曰不出，三则泽之止而溢也。上卦为水为流，故自四安而五苦。上则水之流而竭也。通塞甘苦，皆从泽取义。”这是爻位说节卦。

节卦提出了三种节制的境界，安节、甘节、苦节。以安然心态实行节制，才有亨通。

## 六十四卦之六十一中孚卦

䷼ 兑下巽上

正读：孚，诚信。中，心中的，内在的。中孚表明，诚信出自内心。诚信是人类社会的普遍规律，所谓“人无信不立”，不讲诚信就无法立足于社会。

古代易学家多从卦象爻位解释卦义。朱熹《周易本义》云：“孚，信也。为卦二阴在内，四阳在外，而二、五之阳皆得其中。以一卦言之，为中虚；以二体言之，为中实，皆孚信之象也。又下说（兑）以应上，上巽以顺下，亦为孚义。”作为整体六爻看，二阴爻在内，为中虚。作为内卦外卦来看，二爻、五爻皆阳爻，为中实。这是外实内虚。古易学家的中实、中虚，不得不知。《周易折中》引王宗传说：“盖中不虚则有所累，有所累则害于信者也；中不实则无所主，无所主则又失其信者矣，故曰中孚。”害于信，失其信，肯定都不好。

**卦辞：中孚，豚鱼吉。利涉大川，利贞。**

正读：中孚感动豚和鱼，吉利。豚（猪）代大物；鱼，代小物。鱼愚猪蠢，都是难于感动之物，诚信居然感动了它们。所以，“中孚，利涉大川，利贞”。

**初九：虞吉，有它不燕。**

正读：荀爽云：“虞，安也。”燕亦安也。虞则燕，不虞则不燕。安守诚信，必然吉祥。另有所求，另有所想，就会不得安宁。

**九二：鸣鹤在阴，其子和之。我有好爵，吾与尔靡之。**

正读："其子和之"，指谁？《周易折中》引文曰：谓初。又说："易例凡言子言童者，皆初之象。"这是爻位说。爵，有爵禄、旨酒两解，皆通。靡，散也，分散而共享之。

鹤在山北面鸣叫，它的小鹤相互应和。我有醇香的好酒，愿与你举爵畅饮。或者：我有丰厚的爵禄，愿与你共同分享。金老同意按爵禄讲。

**六三：得敌，或鼓或罢，或泣或歌。**

正读：面对强敌，有的击鼓要进击，有的又罢手不干；有的哭泣，有的唱歌。是说缺乏诚信，人心不齐，表现各异，只会招致失败。

《象传》云："或鼓或罢，位不当也。"俞琰解说："六三居不当位，心无所主，故或鼓或罢而不定。若初九则不如是也。"爻位说："诸爻独三、上有应，有应者动于外也，非中孚也。"缺了诚信，不能坦然自安。与初九"虞吉"就相反了。

**六四：月几望，马匹亡，无咎。**

正读：月既望古今一贯，指十六月圆。既望之后，月盈而亏，月亮盈亏有信，寓意还是诚信。匹，匹配。好马失掉了匹配，因为诚信，所以"无咎"。

**九五：有孚挛如，无咎。**

正读：挛如，连贯、牵系的样子。诚信延绵不断，即诚信维系人心，人人讲诚信，没有过失。这当然是最好的世道。

**上九：翰音登于天，贞凶。**

正读：金老引王弼注云："翰，高飞也。飞音者，音飞而实不从之谓也。"是说声闻可直冲于天，而名不符实的虚名迟早会出事，所以"凶"。中孚卦讲，诚信是名实相符的，不可浮夸谬赞。

## 六十四卦之六十二小过卦

䷽ 艮下震上

正读：中孚卦与小过是一对偶。小过卦艮下震上，艮翻过来就是震，震翻过来是艮。中孚卦一样，兑下巽上，兑翻过来是巽，巽翻过来是兑。这是正对，卦变的方式一个样。中孚讲诚信、要专一；小过讲可以小过，不必那么专一。什么都"专一"，就僵化了。其义相反。

**卦辞：小过，亨，利贞。可小事，不可大事。飞鸟遗之音，不宜上，宜下。大吉。**

正读：小过，稍微超过，这是通达的（亨）。利于坚守正道（利贞），小事可以稍微过一点，大事则不可小过。小过仅对小事而言，不可漫及大事。这是原则问题。

鸟为物象，借以说理。飞鸟有离群（遗）悲鸣之声，那就不宜向上强飞，而是向低处飞，则吉祥。宜下，也就是小过。在某种特殊情况下，小过亨，小过（宜下）也吉。这正是作者所要表达的思想，肯定小过。

**初六：飞鸟以凶。**

正读：鸟儿离群向下飞则吉祥，向上强飞则凶险。卦辞说“宜下，大吉”。此说“凶”，当然是指向上强飞。

**六二：过其祖，遇其妣。不及其君，遇其臣。无咎。**

正读：过，错过不遇。没有见到祖父，只见到祖母（妣）。没有见到君王，只见到臣属。算是小过，没有过错。

**九三：弗过，防之，从或戕之，凶。**

正读：弗，不。不要过度，防止过度。就小过而言，指大过，过度过分。从，从而、马上、很快之义。戕，伤害。你防止过度，紧接着（从）有人会伤害你，凶险啊！这里还是肯定小过则吉，不宜过分。

**九四：无咎，弗过，遇之。往，厉，必戒。勿用，永贞。**

正读：没有过错，因为没有过度过分行为。该遇的祖父，该遇的君王，也能够相遇。如果前往，超过了界限，那就有危害了。必须纠正过来，不该做的就不做，永久保持正定（贞）就好。九四爻还是肯定小过，往则厉。

**六五：密云不雨，自我西郊，公弋取彼在穴。**

正读：小畜卦有“密云不雨，自我西郊”。金老讲：“云向东，好天气，不能下雨。”弋，用绑有细绳的箭射鸟。是说，好天气，王公们在山林中捕获猎物。廖名春说：“比喻明君求贤于野。”六五正位。好天气、求贤于野，都是好事。当位。

**上六：弗遇，过之；飞鸟，离之凶；是谓灾眚。**

正读：离，通罹，遭遇。眚，过错，灾祸。上位言过甚，过则不好。所以，不能相遇，因为过头啦。如同鸟儿向上强飞，遭遇凶险。这些就是灾祸。灾眚有别。臧守虎说：“灾，客观原因导致的灾害。眚，主观原因造成的灾害。”

## 六十四卦之六十三既济卦

䷾ 离下坎上

正读：既济讲事业成功。既，已也；济，渡河，渡河成功。从卦象看，水（坎）在上，火（离）在下，火可以把水烧开，也有成功之义。既济，一、三、五爻为阳，二、四、六爻为阴，六爻都当位，刚柔正而位当。也有功成圆满之义。

大功告成，《易经》应该结束了，到此为止了，可是“物不可穷也”。万事万物无穷无尽。没有结束，也不会结束。所以既济之后，紧接着是未济。未济则未穷，未穷有生生之义。未济，表示下面还有过程。《序卦传》云：“物不可穷也。故受之以未济终焉。”终于未济，不终于既济。终于既济，可以说《易经》是循环论。终于未济，则生生不止。事物的变化是无穷无限的，这才是《易经》。

**卦辞：既济，亨小，利贞。初吉终乱。**

正读：事业成功，亨通顺达。亨小，只能说是小小的成功，暂时的成功。不可得意忘形，利于坚守正道，不断进取。开初是吉利，不能正确看待成功的话，最终走向失败。只有把一时的成功视为良好的开端，才能永远立于不败之地。

《彖传》云：“既济亨，小者亨也”即“既济小亨，小者亨也”，似脱一“小”字。小者亨，指柔得中，阴在阴位。这是爻位说。

**初九：曳其轮，濡其尾，无咎。**

正读：曳，扯、牵引。濡，沾湿。就“济”（渡河）而言，车子过河，要牵住拉车的轮子；狐狸渡河会撅起尾巴，尾巴才不会沾湿。方可无咎。

**六二：妇丧其茀，勿逐，七日得。**

正读：茀是车之蔽，遮帘。女人乘的车要有茀。丢了茀，不用找，七天就得了。“七日得”，各有解读。金老引程传云：“卦有六位，七则变矣。七日得，谓时变也。……不得行于今，必行用异时也。”《彖传》云：“七日得，以中道也。”六二处于下卦之中位，坚守正道（中正之道），丢失的东西可以失而复得。

**九三：高宗伐鬼方，三年克之，小人勿用。**

正读：殷高宗武丁征伐鬼方，三年才攻克它。是说，事业成功之难，不会一蹴而就。不可任用小人，小人急躁冒进。是说，取得胜利，得重用贤能之人来辅佐君王，巩固胜利成果。任用小人，则会使来之不易的成果丧失。

**六四：繻有衣袽，终日戒。**

正读：繻，绵衣。袽，绵絮。还是说“济”，渡河防止船漏水，得准备绵衣绵絮随时堵漏，整天保持戒备，才可“既济”。

**九五：东邻杀牛，不如西邻之禴祭，实受其福。**

正读：东邻杀牛祭祀，不如西邻之薄祭，实实在在受到上天的福佑。禴祭，指薄祭。

**上六：濡其首，厉。**

正读：与初九“濡其尾”对读，此言狐狸渡河弄湿了头，必有危险。《象传》云：“濡其首厉，此何可久也。”事业成功，更要小心谨慎，岂有长久不变之理！

上六“濡其首”，指穷极则变，接下来便是未济。

## 六十四卦之六十四未济卦

坎下离上

正读：未济与既济，组成一对偶。既济离下坎上，未济坎下离上。卦象相反。既济讲事业成功，未济讲事业未成，义相反也。《易经》始于乾坤二卦，这就是《序卦传》所说，“有天地然后万物生焉。”既济、未济放到最后，以示“物不可穷也，故受之以未济”。六十四卦的排列顺次表明，天地之间万事万物的变易发展是无穷无止的。《易经》的哲理让我们懂得，事物的不断变化，我们也得与时俱进，将世间事业推向更新更好的阶段，不断前进，永无止境。

**卦辞：未济，亨，小狐汔济，濡其尾，无攸利。**

正读：未济与既济对读，更易领悟。既济亨，未济为什么也亨？未济是要向前发展的，所以“亨”。以小狐渡河为喻。汔，几也。朱子《周易本义》云：“几济而濡其尾，犹未济也。”小狐无所畏惧，勇于渡河，结果“濡其尾”。没成功，还是未济。小狐这种勇于前行的精神值得嘉许。

**初六：濡其尾，吝。**

正读：小狐勇于渡河，尾已湿透，难于成功（吝）。小狐不知敬慎，急于求济，而反不能济。

**九二：曳其轮，贞吉。**

正读：拉住车轮，暂时不进，待时而动，得正而吉。《象传》云：“九二贞吉，中以行正也。”爻位说，“九二居中而不为正”。二爻居中，当阴而阳，故不为正。中以行正，则中无不正。《易经》最重视“中”，所以“贞吉”。对卦辞、爻辞的解读，《彖传》《象传》往往给我们很多启发，不得不倍加敬重。

**六三：未济征凶，利涉大川。**

正读：既济六爻皆当位，未济相反，六爻皆位不当。程传云：“三以阴柔不中正之才而居险，不足以济，未有可济之道。出险之用，而征所以凶也。”征凶应不利，朱子《周易本义》说：“疑利字上当有不字。”应是不利涉大川。金老说：“有道理。”否则按字面讲，难免穿凿附会。

**九四：贞吉，悔亡。震用伐鬼方，三年有赏于大国。**

正读：坚守正道，吉祥，悔恨消失。震，动。调动军队讨伐鬼方，三年征战，最终受到大国的奖赏。这是说，岐周跟随殷高宗武丁讨伐鬼方，受到武丁的赏赐。

**六五：贞吉。无悔。君子之光，有孚，吉。**

正读：守持正道，吉利。没有悔恨。君子的光辉在于有诚信，吉利。五爻正位，故“贞吉”。《象传》云：“君子之光，其晖吉也。”《周易折中》引张振渊说：“光而吉晖，昭其盛也。贞吉之吉，吉在五；晖吉之吉，吉在天下。”这就是对《象传》的进一步发挥了。

**上九：有孚于饮酒，无咎。濡其首，有孚，失是。**

正读：饮酒要保持诚信，没有过错。《象传》云："饮酒濡首，亦不知节也。"这是孔子的解读。饮酒无节制，酒溅到头上，湿了头，诚信也就丧失了。

本来"有孚"，不加节制，失之"有孚"。事物走向反面，可见事物是可以转化、可以变化的。——这就是《易经》。

# 后　记

《周易》这门学问应该怎样让年轻人读得懂？这个问题一直困扰我三十多年。1985年秋到1986年夏，我在吉林大学金老的周易研讨班学习一年，学业结束前写了《从革卦谈〈周易〉》，算是我的学习总结。那种写法还是采用金老讲课的模式解读《周易》，一般年轻人还是稀里糊涂，读不懂的。

1995年春我对明夷卦有所感悟，便写了《明夷卦探微》一文，《贵州大学学报》也刊登了，一些友人也有点赞。自认为六十四卦得按这个模式一卦一卦写下去，才有哲理意味。事实证明，六十四卦并不都按这个程式书写。因为这种借事说理的写法也十分艰难，我就只好暂时放一放。

朱子《周易本义》是明清以来的教科书，它首先介绍《周易》的基本知识，从八卦取象开始，分宫卦象次序、河图洛书、先天八卦、后天八卦、卦变，一一解说，然后再解读六十四卦上经、下经。这倒不失为读《周易》的好方法，我决定以此为标准为青年学子讲授《周易》。2007年春后我试着写了七篇，当然不够。到2015年正式开讲《周易》，意犹未尽，又补充了五篇。十二篇有关《周易》基础知识的文字，总算把基本的东西让青年学生弄了个明白。涉及六十四卦，我只讲明夷卦，让他们从中体悟易学的哲理，不敢过多涉及其他。

20世纪80年代以后，主要精力放在史学领域，尤其是西周年代的考证，无暇顾及《周易》。待2016年6月《夏商周三代纪年》、2017年9月《夏商周三代事略》相继由科学出版社出版，年代学告一段落，才算真正腾出手来，又来拾掇《周易》。2017年9月到11月中旬，每周一个下午，给九个研究生开课讲《周易》，想借此明确六十四卦的写作模式。课程结束，大体了然于心。

11月23日，终于动笔写出了乾卦的解读。接着坤卦、坎卦、离卦，基本上“每日一卦”。先完成“八经卦”，然后继续下去，直到2018年1月18日写完“未济”。正好八周时间，六十四卦的写作告一段落。大体上每天手写两页稿纸，千把字，然后微信发给研三硕士生马瑞州，由他电脑敲打，再回传给我，我修正处理，最后确定下来。我的手写快速，小马的敲字快速，当天就能完成一卦。小马善始善终敲打六十四卦，甘从苦来，从中得益，总算读懂了《周易》。我也了却了心愿，完成六十四卦的解读。

我始终遵循金老的教导，易卦两两配对，组成一对偶，六十四卦即三十二对偶。按这个思路弄明白每卦的哲理思想。每卦有个明白无误的中心，从卦象、卦义、卦辞去解读这个中心，六爻的解读也围绕这个中心进行。这样，就显得简明而又简明，浅近而又浅近，年轻学子读起来也就不觉得有什么太大的障碍。这正是我要达到的目的。

这期间，我重点体味金老的《周易讲座》，回味当年的课堂教学，细心领悟每卦的深层含义。清人李光地《周易折中》、朱子《周易本义》也放在手边，随时查阅。当代人的著作，廖名春先生的《周易的卦爻辞》，臧守虎先生的《易经读本》，还有一本无著作人的《易经句解》，都放在案头作为主要参考。感谢古今这些易学大师，有他们的导引，我则亦步亦趋，终于走完了全过程。我也明白易学应该这样“正读”。

本书初稿出来，先后发现不少错落。幸亏有陈山林、刘晟、马明芳、马瑞州、马赛、孙家瑜、魏祥、罗松乔、王鹏等诸位后学，他们在不同时间皆有所指正，锱铢必较，令我感动，终于把错误减少到最低。本人在此表示真诚的谢意。

书稿写定，学者汤序波老弟第一时间推荐给北京出版社，很快得到高立志副总编的肯定，2018年5月就签署了出版合同。序波总是以荐贤荐才为己任，值得永远铭记。

三审三校后，我请贵州大学出版社社长闵军先生题赠书名，书家慨然允诺，为本书增色不少。责编孔伊南女士精心呵护、严格把关。在此一并致谢！

谨以此书感恩金老的教诲！

2018年2月12日贵州大学44栋寓所

2018年12月10日修订